Georg A. Radtke

Wellensittiche – mein Hobby

Mit 36 Farbfotos

Kosmos
Gesellschaft der Naturfreunde
Franckh'sche Verlagshandlung
Stuttgart

Wellensittiche – mein Hobby

Bild 1. Wellensittiche sind sehr zutrauliche und posierliche Haustiere.

Vorwort

Bevor von den Gefiederten die Rede sein soll, von denen hier gesprochen wird, danke ich den Illustratoren, Herrn H. Heinzel als Graphiker und Herrn H. Bielfeld, Herrn Dr. Jesse und Herrn M. Rosenbaum als Fotografen, herzlich für ihre wertvolle Mitarbeit, ohne die noch so viele Worte dem Leser kein abgerundetes Bild hätten geben können.

Noch keine 200 Jahre ist es her, seit die kleinen Australier nach Europa kamen. Dennoch ist dieses Papageichen – Wellensittich genannt, streng wissenschaftlich *Melopsittacus undulatus* – heute in den meisten Ländern der beliebteste Zucht- und Stubenvogel. Leuchtende Farben, verbunden mit liebenswürdigem Wesen und großer Anpassungsfähigkeit an veränderte Umweltverhältnisse, haben dazu ebenso beigetragen wie die Eigenart, in sehr kurzer Zeit in den Erbeigenschaften eine bunte Palette verschiedener Farben- und Zeichnungsmuster in der Hand des Menschen zu bilden. Dadurch wurde der Wellensittich zugleich ein geeignetes Medium für Vererbungsforscher und Sportzüchter. Am meisten dürfte jedoch die relativ spät entdeckte, leichte Zähmbarkeit in Verbindung mit der Fähigkeit, die menschliche Stimme und andere Geräusche nachzuahmen, zur heutigen Popularität des Wellensittichs beigetragen haben.

Es gibt jetzt schon viele Spezialbücher über Wellensittiche, die von der wissenschaftlichen Abhandlung bis zur Plauderei über zahme Hausgenossen reichen. Sinn dieses unseres Handbuches soll es sein, das Wichtigste und Interessanteste aus jedem Spezialgebiet zu einem möglichst umfassenden Gesamtbild zu formen, ohne Sie dabei zu langweilen oder Sie mit unverständlichen Dingen zu belasten. 45 Jahre aus meiner eigenen Erfahrung werden dabei sicher mithelfen.

Wohltorf, 1981 GEORG A. RADTKE

Bild 2. Normal-Hellblauer Junghahn (Kehltupfen fehlen noch)

Der „wilde“ Wellensittich – und wie er zum Menschen kam

Will man den Wellensittich als „Haustier“ in seinen Verhaltensweisen und Bedürfnissen recht verstehen lernen, dann sollte man erst einmal sein Freileben in der ganz anders gestalteten australischen Heimat studieren. Das ist den wenigsten vergönnt, und die Literatur-Angaben sind weit verstreut. In meinem größeren „Handbuch für Wellensittich-Freunde“ finden sich ausführliche Angaben neueren Datums. Die wesentlichen Brutgebiete des Wellensittichs befinden sich in West-Australien, Neu-Süd-Wales und Victoria. Dort leben und brüten die Vögel, zu oft großen Schwärmen vereint, in den Eukalyptus-Hainen. Als Höhlenbrüter sind sie auf Baumlöcher angewiesen, die ihnen das anfällige Holz des Eukalyptus-Baumes in großer Zahl bietet. Die einzelnen Pärchen brüten oft in engster Nachbarschaft zu mehreren in einem Baum, dessen Wurzelstöcke sogar besetzt werden. So ist der Wellensittich von Natur aus ein sozial lebender Vogel. Dadurch wird verständlich, daß er in der Hand des Menschen heute noch am besten in Kolonien, d. h. in Volieren zu mehreren Paaren zusammen, brütet. In der Natur dient diese Verhaltensweise mit zur Arterhaltung, denn die wesentlichen Feinde der Wellensittiche sind Greifvögel und Baumschlangen. Erspäht nur ein Vogel einen solchen Feind, so warnt er sofort seine Artgenossen, und viele Augen nehmen mehr und rascher Veränderungen der Umgebung wahr. Von den Brutkolonien aus fliegen die Vögel zur Nahrungsaufnahme in die Steppe hinaus. Ihre Nahrung besteht in der Hauptsache aus Grassamen verschiedener Reifestadien, mit denen sie auch ihre Jungen aufziehen. Dort draußen und noch mehr an den wenigen Wasserstellen im trockenen Australien, von denen alle Lebewesen stark abhängig sind, können sie noch leichter zur Beute ihrer Feinde werden. Deshalb tun die Wellensittiche alles gemeinsam und stürmen bei Gefahr reißenden Fluges weit in die offene Landschaft davon. Durch ihre langen, schwalbenähnlichen Flügel sind sie diesem Leben sehr gut angepaßt, während sie ihr grün-gelbes Federkleid vorzüglich tarnt, wenn sie zur Mittagsruhe still in den lockeren, sonnendurchfluteten Kronen der Eukalyptus-Bäume sitzen. Hier haben wir auch gleich eine Erklärung für ihr nicht selten stürmisches, schreckhaftes Verhalten selbst in der Sicherheit der Käfige und Volieren, für ihr häufiges nächtliches Toben, scheinbar ohne allen Grund, schließlich für das zunächst besinnungslose Fortstürmen entflogener Wellensittiche in die ihnen ganz unbekannte Welt der Dächer und Schornsteine, die sie selten heimfinden läßt. Alle diese Eigenschaften sind dem Wellensittich zur Arterhaltung in der Freiheit angeboren, in der es freilich keine Drahtwände und Schornsteine gibt, die unse-

Bild 3. Normal-Hellgrün

rem domestizierten Papageien so leicht zum Verhängnis werden. Interessant bleibt, wie sehr sich diese Verhaltensweisen in den 160 Jahren erhalten haben.
Australien hat ein merkwürdiges Klima. Im Sommer ist es dort sehr heiß und trocken, während der Winter viel Regen bringt, im Süden des Landes kann es aber auch verhältnismäßig kalt werden. Darum verträgt der Wellensittich, der in der Regel zu Ausgang der Regenzeit, dem australischen Frühling, wenn alles grünt und blüht, mit der Brut beginnt, in unseren Breiten Wärme ebensogut wie einige Kältegrade und kommt in Mitteleuropa im allgemeinen ohne Heizung aus. Dem zahmen „Hansi" gefällt es aber auch in der warmen Stube, ohne daß er Schaden nimmt.
Der fünfte Kontinent ist bekannt wegen seiner großen klimatischen, nicht immer allein geographisch bedingten Schwankungen. Wo jahrelang zu bestimmten Zeiten regelmäßig genügend Regen fällt, verringern sich die Niederschläge plötzlich stark oder bleiben ganz aus. Umgekehrt kann in ausgesprochenen Dürre-Gebieten unerwartet reichlich und lange Regen fallen. Wieder in anderen Gebieten kann die gewohnte Regenzeit länger dauern oder eher zu Ende gehen. Selbst dieser Situation ist der Wellensittich als unsteter Strichvogel vorzüglich angepaßt, weil seine Brutperiode nach Ort, Erfolg und Dauer weitestgehend von den jeweiligen Niederschlagsverhältnissen regiert wird. So kommt es auch, daß er manchmal aus Gebieten verschwindet, in denen er jahrelang Brutvogel war und plötzlich dort eine Kolonie gründet, wo er noch kaum auftauchte und gar nicht vermutet wird. Wo geeignete Bäume stehen, ein volles Wasserloch oder eine für die Vögel zugängliche Viehtränke vorhanden ist und Gras sprießt, das Samen verspricht, da wird – oft unabhängig von der Jahreszeit – darauf losgebrütet, solange die gute Zeit dauert. Dem Weibchen kommt es zu, eine Nisthöhle zu erobern, dem harte Kämpfe unter den Geschlechtsgenossinnen vorausgehen können. Das Weibchen nagt und formt seine Höhle auch nach Maß vom Einschlupfloch bis zur Mulde, während die Tätigkeit des Männchens in dieser Zeit vorwiegend aus Balzgezwitscher und gelegentlicher Stärkung des Weibchens durch Füttern aus dem Kropf besteht. – So kommt es, daß unter unseren Heimvögeln die Weibchen sozusagen „die Hosen anhaben", beim Beziehen eines noch so glatten und harten Nistkastens darauf bestehen, zunächst tagelang an dessen Holz zu nagen – nicht zuletzt, daß zahme Weibchen bei Zimmerfreiflug gern das Mobiliar beschädigen. Abgesehen vom vermehrten Nagetrieb sind sie anscheinend mit stärkeren Schnabelmuskeln von der Natur für Wohnungsbau und deren Verteidigung versehen. Wer es nicht glaubt, soll sich einmal ein ungezähmtes Weibchen mit der bloßen Hand greifen oder sich von einem zahmen „Lieschen" ganz unversehens ins Ohr kneifen lassen . . .
Drei bis fünf reinweiße Eier – wie die meisten Höhlenbrüter, da sie ja keine Tarnfarbe nötig haben – legt das Weibchen in Freiheit, und wenn die Jungen geschlüpft sind, so ist der erste Grassamen zum milchigen Stadium herangereift, in dem er für Alt und Jung am bekömmlichsten ist. Die Bruten werden ineinander-

Mit 36 Farbfotos von Horst Bielfeld (18), Dr. Jesse (4) und Manfred Rosenbaum (14)
sowie 4 technischen Zeichnungen und 15 Vogelzeichnungen von Hermann Heinzel

Umschlaggestaltung von Edgar Dambacher unter Verwendung einer Aufnahme von Dr. Hans Jesse
Das Bild zeigt verschiedenfarbige Wellensittiche: 0,1 Normal-Grau, 1,0 Normal-Dunkelgrün, 1,0 Normal-Graugrün, 0,1 Normal-Hellgrün

Holländische Ausgabe: Thieme, Zutphen/Niederlande

CIP-Kurztitelaufnahme der Deutschen Bibliothek

Radtke, Georg A.:
Wellensittiche – mein Hobby/Georg A. Radtke. –
8. Aufl. – Stuttgart: Franckh, 1985.
(Kosmos-Vivarium in Farbe)
ISBN 3-440-05494-2

8. Auflage/65. 74. Tausend
Franckh'sche Verlagshandlung, W. Keller & Co., Stuttgart/1985

Printed in Italy/Imprimé en Italie/L14 H ro/ISBN 3-440-05494-2
Satz: Konrad Triltsch, Graph. Betrieb, 8700 Würzburg
Herstellung: Editoria S. N. C. di G. A. Benvenuto & C., Trento/Italien

Bild 4. Kopfstudie eines Normal-Hellgrün mit tiefer Maske

geschachtelt, d. h. eine folgt der anderen, und während noch das Nesthäkchen in der Höhle sitzt, liegen schon wieder Eier für die nachfolgende Brut darin. Das geht so lange, wie das Nahrungsangebot ausreicht. Ist es durch nachhaltige Niederschläge groß und hält es lange vor, dann können bis zur Erschöpfung Brut auf Brut einander folgen. Versiegt das Nahrungsangebot plötzlich, dann geben die Wellensittiche ihre Brut auf – gleich, ob es die erste oder fünfte ist, und wandern mit dem Nachwuchs so lange weiter, bis sie neue Nahrungsgründe finden. Auf diesen oft weiten Wanderungen können durch Nahrungsmangel und Dürre große Verluste entstehen, die die Art eben nur durch große Fruchtbarkeit in nahrungsreichen Zeiten ausgleichen kann. In Trockengebieten findet der Wellensittich oft nur ausgefallene, trockene Samen aus der vorangegangenen Reifezeit, der ohne Feuchtigkeit nicht keimte, und zudem kein Wasser. Auch dieser Situation ist er wieder angepaßt, denn er läuft flink und aufmerksam am Boden und kann als Steppenvogel außerhalb der Brutzeit lange ohne Wasser auskommen. Er begnügt sich mit dem an Pflanzen hängenden Morgentau zum Trinken und Baden. Freilich überleben nur die starken und gesunden Vögel diese Zeit der natürlichen Auslese.

Sämtliche der im australischen Lebensraum geprägten Verhaltensweisen finden sich ebenfalls noch bei unserem heutigen Zuchtvogel und sind aus dieser Sicht leichter verständlich. Nach Umweltbedingungen in Volieren und Zuchträumen wird durch gleichbleibendes Futter- und Nistplatzangebot, aber auch durch künstliche Wärme und Beleuchtung bedarfsfalls „ewiger Frühling“ vorgetäuscht; eine klimatische Wende findet nicht statt oder kann vermieden werden. Dadurch machen Wellensittiche und viele andere australische Vögel in Gefangenschaft bis zur völligen Erschöpfung, ja bis zum Tode eine Brut nach der anderen, was leider von geschäftstüchtigen „Vogelliebhabern“ mitunter ausgenutzt wird. Daß Wellensittiche unregelmäßig und zu allen Jahreszeiten mausern, hängt auch damit zusammen. Ebenso trinkt der Wellensittich nur in der Brutzeit regelmäßig, weil er zur Aufbereitung des Nahrungsbreies im Kropf für die Jungen mehr Wasser braucht. Ansonsten trinkt er oft tagelang nicht, und von einem Vollbad halten Wellensittiche wenig. Aber sie reiben und wälzen sich gern im nassen Gras und Kraut mit allen Badebewegungen, die wir von anderen Arten kennen, und dem zahmen „Hansi“ genügt ein feuchtes Salatblatt als „Frottierhandtuch“. Nasse Pflanzen täuschen den Tau vor und führen zum spezifischen Wellensittich-Baden ebenso, wie bei Volierenvögeln warme Regenfälle den plötzlichen australischen Regenguß vortäuschen und ein regelrechtes Duschen unter der Himmelsbrause auslösen. In dieser Form finden wir das bei europäischen Vögeln z. B. nicht, weil sie immer irgendeine Pfütze zum Baden finden.

Und zur Nahrungsaufnahme: Trotz gefüllter Futternäpfe laufen auf Naturboden gehaltene Volierenvögel gern dort herum und suchen geschäftig nach verstreuten, vorzugsweise angekeimten Körnern, nicht weil sie „wissen“, daß ihnen das gut bekommt, sondern weil ihre Ureltern in der australischen Steppe so zu ihrer Nahrung kamen. Schließlich gehen selbst junge, unerfahrene Wellensittiche, die zuvor nur trokkene Hirse kennenlernten, sofort an halbreife Grasähren und können sie auch ausklauben.

Bild 5. Normal-Dunkelgrün

Auf eine genaue Beschreibung des Wildvogels kann verzichtet werden, denn Farbe und Zeichnung entsprechen in etwa dem hellgrünen Wellensittich. Der Wildvogel ist nur kleiner und schlanker, das Größerwerden eine regelmäßige Folge der Domestikation bei vielen Tieren. SHAW entdeckte und sammelte wohl als erster um 1800 den grasgrünen Zwergpapagei und beschrieb ihn 1805. J. GOULD beschrieb als erster sein Freileben und brachte die ersten lebenden Tierchen 1840 nach England, von wo aus sie dann ihren Siegeszug um die ganze Welt antraten. Enorme Einfuhren waren anfänglich mit großen Verlusten verbunden, bis man allmählich lernte, diese Vögel richtig zu pflegen und bald darauf zu züchten. 1855 gelang die erste Zucht in Deutschland. In Erinnerung daran veranstaltete der Deutsche Wellensittich-Züchterverein (DWV) 1955 eine große „Hundertjahrfeier" zu Ehren des Wellensittichs in Mainz. Mit wachsenden Zuchterfolgen in verschiedenen europäischen Ländern – später auch in Japan – gingen die Australien-Importe zurück und wurden später von der dortigen Regierung zum Schutz der Art ganz unterbunden.
War man schon begeistert über die leuchtend grüne Farbe des Wildlings, so wuchs das Interesse noch mehr, als farbliche Abweichungen aufzutauchen begannen. Daß Wellensittiche dazu neigen, hatten Beobachter bereits bei australischen Wildlingen festgestellt, denn unter Tausenden von hellgrünen fanden sich gelegentlich gelbe, dunkelgrüne und sogar einer mit der sogenannten „Opalinzeichnung".

Pflege und Zucht

Absichtlich haben wir die Pflege der Zucht vorangestellt, denn ohne eine naturgemäße Pflege gibt es keinen bleibenden Zuchterfolg. Am Beispiel des Wildlings wurde im vorangegangenen Kapitel gesagt, welchen besonderen Eigenarten des Wellensittichs, der seine Ursprünglichkeit im Verhalten nicht verloren hat, Rechnung getragen werden sollte. Will man sich an dem natürlichen Verhalten eines Pärchens erfreuen, wie es am Anfang der Wellensittichhaltung aus reiner Liebhaberei gang und gäbe war, so sollte kein zu kleiner Käfig aus Hartholz oder Metall gewählt werden, denn Weichholz wird bald ein Opfer des Nagetriebes. Nur in einem geräumigen Käfig entfaltet ein einzeln gehaltenes Paar seine ganze Liebenswürdigkeit und Eleganz – mehr noch, wenn ihm regelmäßig Freiflug im Zimmer gewährt werden kann. Das sollte freilich besser unter Aufsicht geschehen und braucht nur stundenweise zu sein, damit die Vögel gar nicht erst auf die Idee kommen, Möbel und Tapeten zu beschädigen oder gar an etwa giftigen Topfpflanzen zu knabbern. Ein Leckerbissen in den Käfig gesteckt, lockt sie rasch wieder zurück, und man kann die Türe schließen. Es genügt, wenn die Wellensittiche ein paar Runden im Zimmer drehen können, um ihre Flügelmuskeln fit zu halten.

Da die Anregung durch Artgenossen in Gefangenschaft fehlt, schreitet ein einzelnes Pärchen – ohne Nistkasten gehalten – kaum zur Brut, hält aber dennoch eng zusammen und zeigt sein nettes Balzspiel. Da wird gegenseitig im Gefieder gekrault – der Ornithologe nennt dies soziale Gefiederpflege, die bei vielen Papageien und Prachtfinken vorkommt –, das Männchen verbeugt sich viele Male auf drollige Weise vor dem Weibchen und füttert es anschließend aus dem Kropf, wobei sich die Pupillen beider Partner in der Erregung zu kleinen Pünktchen verengen.

Wellensittiche sind stimmfreudige Vögel. Aber die Stimmen eines einzelnen Paares oder Einzelvogels werden nur dann aufdringlich laut, wenn die Partner außer Sichtweite voneinander getrennt werden oder der Einzelvogel sich verlassen fühlt. Ihr Stimmfühlungslaut, wie ihn der Verhaltensforscher nennt, klingt spatzenähnlich, ist aber lauter und durchdringender, weil er dazu dienen mußte, vom Schwarm abgekommene Vögel in der weiten Steppe Australiens zurückfinden zu lassen. Die ebenfalls lauten Erregungsrufe, die krächzend klingen und die schon kleine Junge im Nest hören lassen, dienten in der Natur der Warnung und Abschreckung. Sie sind in ihrer Bedeutung beim Zuchtvogel ebenfalls erhalten geblieben, werden aber ebenso wie der Lockruf in den zwitschernden Balz- und Plaudergesang, den beide Geschlechter anhaltend hören lassen, immer wieder mit eingebaut. So besteht die manchmal stundenlang vorgetragene „Unterhaltung" eines größeren Schwarmes von Wellensittichen in einer Voliere aus einem ständigen Wechsel zwischen murmelndem und gurgelndem Gezwitscher oder lauten Pfeif- und Krächztönen, was schwache Nerven nicht immer vertra-

Bild 6. Normal-Dunkelblau

Bild 7. Kopfstudie eines Normal-Hellblau mit unfrisierter Maske

gen. Darum sollte der angehende Züchter zunächst die Gesinnung seiner Nachbarn in dieser Richtung prüfen, um sich späteren Ärger zu ersparen, denn das Tier als Streitobjekt zieht leider meist den kürzeren. Die Lautäußerungen eines einzelnen Paares wirken im übrigen dagegen eher anheimelnd als störend.

Der Stand des Wellensittich-Käfigs sollte am besten in Augenhöhe an einer lichten, zugfreien Stelle des Raumes liegen, die auch gelegentlich, aber nicht ständig die Sonne trifft. Küchendünste, Tabaksqualm und Zugluft sind Gift und verkürzen das Leben aller unserer gefiederten Stubengenossen. Der Käfig soll auch nicht zu nahe an der Heizung oder am Fernsehapparat stehen. Futter und frisches Trinkwasser müssen ständig verfügbar sein. Badewasser ist – wie wir gesehen haben – nicht nötig. Wie die Finken, enthülsen Wellensittiche ihr Körnerfutter, lassen aber die Hülsen in den Napf zurückfallen, in dem sich rasch eine so dicke Schicht davon bilden kann, daß sie an das eigentliche Futter nicht mehr herankommen. Deshalb sollten die Hülsen mindestens zweimal am Tag fortgeblasen werden. – Der Wellensittich hat einen so raschen Stoffwechsel, daß er innerhalb von 24 Stunden ohne Nahrung verhungern kann; d. h. nimmt ein Vogel an einem Tag keine Nahrung auf, so ist er am anderen Morgen tot. In überheizten Räumen mit trockener Luft neigen Sittiche dazu, ständig einige Federn zu verlieren, ohne recht zu mausern, was ihnen ein unansehnliches Aussehen bringt und nur zu Ärger mit der Hausfrau führt. Ein vernünftig temperierter Raum mit genügend Luftfeuchtigkeit durch Zimmerpflanzen, Aquarien oder andere Wasserbehälter ist für Mensch und Tier am gesündesten.

Mitunter wachsen Nägel und Oberschnabel durch Mangel an Abnutzung unnatürlich lang, wodurch die Vögel beim Fressen und in der Bewegung behindert werden. Dann müssen diese Hornteile auf ihr natürliches Maß mittels einer scharfen Schere vorsichtig zurückgeschnitten werden, ohne dabei die durchschimmernden Blutgefäße zu verletzen.

An Ungeziefer leiden Wellensittiche weniger; doch sollten Sauberhaltung der Käfige und häufig frischer Sand eine Selbstverständlichkeit sein.

Ist man gewohnt, abends lange aufzubleiben, so sollte der Käfig mit einer Decke verhängt werden. Mangel an Schlaf führt bei Wellensittichen zu Federrupfen und anderen nervösen Leiden. Vorsicht ist angesichts der modernen großen Fenster geboten, wenn sie nicht durch Gardinen verdeckt sind. Genießen Vögel Freiflug im Zimmer, so sehen sie die ungedeckte Scheibe oft nicht, meinen ins Freie zu stürmen und – brechen sich den Hals dabei. Das gilt mehr noch für Vogelhausfenster, die man besser innen mit Draht verblendet.
Wellensittiche sind anspruchslos, aber dankbar für gute Pflege und lohnen die Mühe durch ihre Munterkeit, Farbenpracht und ein relativ langes Leben. 20 Jahre hat man schon gehört, aber das sind seltene Ausnahmen. Ein Zuchtvogel wird etwa 7 bis 9 Jahre alt, während denen er etwa 6 Jahre zuchtfähig bleibt. Ein unverbrauchter Wellensittich kommt auf etwa 12 bis 14 Jahre, wenn man gewisse Grundregeln befolgt, von denen im Kapitel über den zahmen Sprecher noch die Rede sein wird.
Die Zucht mit einem Paar im Stubenkäfig hat wenig Sinn, denn man muß oft viele Monate warten, ehe die Vögel damit anfangen, wenn überhaupt, und die ganze Sache macht mehr Umstände als Freude, zumal man nach den bestehenden Gesundheitsgesetzen selbst für ein Paar eine behördliche Zuchtgenehmigung einholen muß. Seit dem 1. 1. 1971 müssen angehende Züchter vor dem zuständigen Amtsveterinär eine Sachkundeprüfung zur Kenntnis des Viehseuchengesetzes sowie der Zucht und Pflege ablegen. So sollte zumindest mit zwei Paaren begonnen werden, die durch gegenseitige Anregung schneller zur Brut kommen und den Anfänger eher vor Enttäuschungen bewahren, denn nicht jedes Paar ist ein Zuchtpaar.
Feuchte, lichtlose Keller und kalte, zugige, im Sommer trocken-heiße Bodenräume eignen sich überhaupt nicht zur Wellensittichzucht. „Erwerbszüchter“ mit solchen Gelassen erhalten heute gar keine Zuchtgenehmigung mehr. Ideal ist ein festes Holz- oder auch massives Vogelhaus mit angrenzenden Freivolieren nach Südosten oder Süden an möglichst zugfreier Stelle in Hof oder Garten. Man kann aber auch in sonnigen Kammern und Vogelstuben oder mit der Kombination von Parterreraum und angrenzender, kleiner Freivoliere – durch Fenster verbunden – gute Erfolge erzielen. Der technischen Erfindergabe in beiden Richtungen sind keine Grenzen gesetzt, und der Erfolg heiligt die Mittel. Einzelheiten zu den verschiedensten heute angewendeten Bauweisen würden hier zu weit führen.
Allerdings müssen einige Grundregeln zu Material und Methode erwähnt werden. Wellensittiche können nach der naturnahen Methode der Koloniebrut, die früher allgemein üblich war, wie auch in Einzelhecken gezüchtet werden; Einzelheckenzucht wird heute überwiegend ausgeübt.
Für beide Systeme braucht man möglichst geräumige Innen- und Außenflugräume für die ruhenden Zuchtvögel und die heranwachsenden Jungvögel. Alles das sollte vor dem Bau einer Zuchtanlage unter Berücksichtigung von verfügbarem

Bild 8. Ein geeignetes Vogelhaus mit Volieren. Dazu der Grundriß: 1 Eingang, 2 Fenster, 3 Ausflüge, 4 Außentüren; A Futtergang, B Innenvolieren, C Außenvolieren, D. Heckregale, E Trainingskäfige, F Futterbehälter

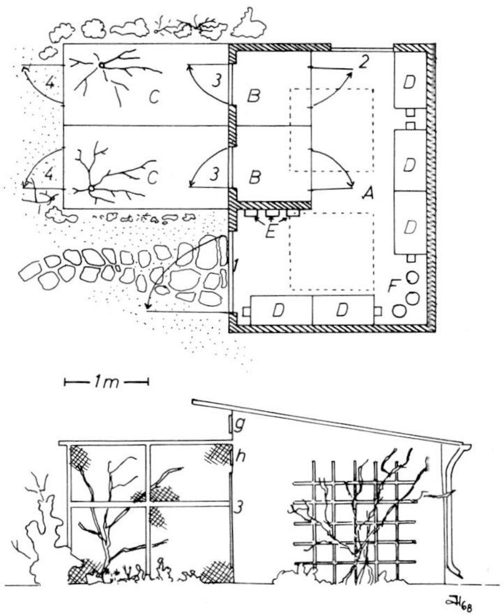

Platz und Mitteln bedacht werden. Mit zwei Paaren kann man noch im Zimmer züchten, auch die Nachzucht in einem kleinen Extra-Flugkäfig unterbringen. Was darüber hinausgeht, erfordert aber schon sachdienliche Planung. Beton, Stein und Stahl schaffen zwar zugfreie, aber feuchte und schwer heizbare Innenräume, während reine Holzhäuser im Sommer sehr heiß werden können und schwer ungezieferfrei zu halten sind, wozu auch Eindringlinge von unten wie Ratten und Mäuse gerechnet werden müssen. Am besten ist eine Kombination von Betonfundament mit Wänden und Dach aus Holz oder Hartfaserplatten. Die Einziehung einer doppelten Decke von Glaswolle eignet sich ebenfalls gut zur Isolierung auch der Seitenwände. – Genügend große Fenster – vorzugsweise Oberlicht – müssen vorhanden sein; jedoch sollte das Dach für Wellensittich-Behausungen nicht zu stark verglast sein, weil allzu große Hitze und Sonnenein-

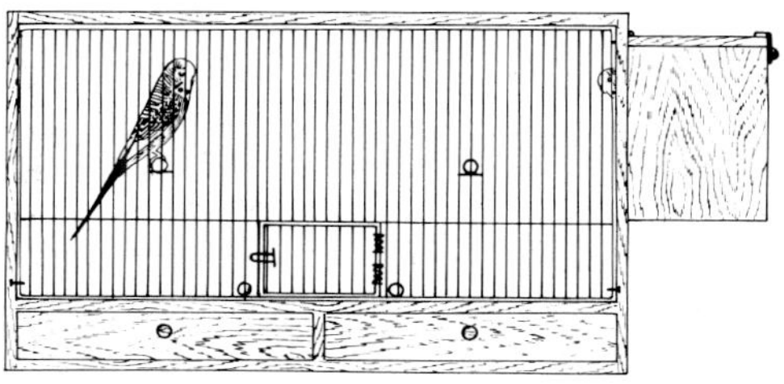

Bild 9. Hier ein geeigneter Heckkäfig mit Nistkasten nach außen

strahlung ihnen nicht bekommen. Für die gern und rasch fliegenden Sittiche sind Innen- wie Außenflugräume, die durch schließbare Fenster oder Türen ineinander übergehen sollten, möglichst lang zu halten, können aber schmal und brauchen nur 2 m hoch zu sein. Wichtig ist, daß man bequem von der Innen- in die Außenvoliere gelangen kann. – Der Gefahr des Entfliegens ist zweckmäßig mit einer Schleusentür vorzubeugen. Einzelhecken, Doppel- oder auch Viereroder Sechserabteile je nach Platz in Einbauregalen neben- und bis zu vier Etagen übereinander angeordnet, können überall auf- oder eingebaut werden. Die Konstruktion sollte aber so sein, daß reichlich Tageslicht, möglichst auch etwas Sonne, von der Frontseite einfällt. Gute Abbildungen von praktischen Anlagen aller Größen findet man u. a. bei AF ENEHJELM, einschließlich Anleitung zum Selbstbau. Moderne, größere Vogelhäuser, wie sie heute zahlreich in der BRD zu finden sind, haben auf der einen Seite Innenvolieren mit Anschluß an Außenflugräume, auf der anderen Seite mehrstöckig angeordnete Einzelhecken, dazwischen einen genügend breiten Futtergang. Muß man sparen, so kann man für die Frontverkleidung der Hecken Maschendraht nehmen. Praktischer sind natürlich Vorsatzgitter, hinter denen sich Wellensittiche, die gerne am Draht klettern, auch weniger das Gefieder zerstoßen. – Da Vögel viel Sauerstoff benötigen, ist für gute Belüftung Sorge zu tragen. – Um der Gefahr des Entfliegens vorzubeugen, haben sich Luftschächte und kleine Ventilatoren im oberen Drittel des Vogelhauses sehr bewährt. – Der Fachhandel bietet heute komplette Plastikhecken verschiedener Größe an, die allein wegen ihrer Pflegeleichtigkeit sehr zu empfehlen sind.

Im Außenvolierenbau für alle Papageiartigen haben sich Eisenrohre verschiedener Stärke als Rahmen mit am Stück verzinkter Maschendrahtbespannung am besten bewährt, versehen mit einem schwarzen Witterungsschutzanstrich, der zugleich die bunten Farben gut zur Geltung kommen läßt. Dazu gehört ein eingelassenes Fundament mit Betonsockel. Betonboden innerhalb der Voliere ist am leichtesten rein zu halten und damit krankheitsvorbeugend. Aber glücklicher sind Wellensittiche, die bis jetzt von Würmern – der Geißel der Großsittiche – weniger heimgesucht werden, über Naturboden. Wird auf ein Fundament verzichtet, so muß der Draht wegen steter Gefahr des Eindringens von Mäusen und Ratten wenigstens 30 cm in die Erde eingegraben werden. Über den Volieren sollten sich möglichst keine Baumäste befinden, deren Bewegung im Wind die Wellensittiche oft erschreckt und Raubzeug leichteren Zugang verschafft.

Zweckmäßig und sparsam sind Tageslicht-Neonröhren in jeweils passender Größe für die Beleuchtung eines Vogelhauses. Sie sollen in Verbindung mit kleinen Sparbirnen (als sogenannte Kontrollampen im Handel erhältlich) als Dämmerungsleuchten stehen. Heute gibt es preiswerte Zeituhren, die man so

Bild 10. Gelbgesicht-Dunkelblau, ein Weibchen mit zu kleinem Kopf, aber kontrastreichen Farben

schalten kann, daß sich im Winter morgens und abends zur gewünschten Zeit zuerst die Notleuchten einschalten, dann die Neonröhren bzw. umgekehrt. Das täuscht den Vögeln die natürliche Dämmerung vor, und vor allem werden brütende Weibchen außerhalb des Nestes abends nicht von plötzlicher Dunkelheit überrascht. Sehr rasch gewöhnen sich die Vögel daran, beim Einschalten des Dämmerungslichtes sofort ihren Nistkasten aufzusuchen. In Vogelhäusern, die ihrer Lage nach häufig nächtlichen Störungen durch Straßenlärm, Scheinwerfer usw. ausgesetzt sind, sollten die Dämmerungslampen, die kaum Strom kosten, auch nachts brennen bleiben. – Auch wenn keine Winterbruten gemacht werden, empfiehlt es sich, die dunkelsten Nächte um etwa zwei Stunden durch zusätzliche Beleuchtung zu verkürzen, besonders bei hochgezüchteten Rassevögeln, deren Stoffwechsel die lange Nahrungspause schlecht verträgt.
Koloniebrut zu mehreren Paaren in einer Voliere – auf ein Paar sollte zumindest 1 m^3 Raum gerechnet werden, besser mehr – macht den wenigsten Arbeitsaufwand und kann zu besten Erfolgen führen, wenn man einige Grundregeln beachtet: Die Nistkästen sollten gleiches Format haben und in gleicher Höhe im oberen Drittel der Voliere so aufgehängt werden, daß das Licht auf die Einschlupflöcher fällt. Es gibt Nistkästen im Hochformat, also etwa in Starenkasten-Form, mit dem Schlupfloch im oberen Drittel, Nistmulde direkt darunter, und im Querformat mit Einschlupfloch auf der einen Seite, Nistmulde auf der anderen. Beide haben Vor- und Nachteile: Beim Hochformat können die Brutvögel unmittelbar auf das Gelege springen, wodurch die Eier oder Jungen Schaden leiden können, während beim Querformat das Weibchen nach Einstieg seitlich zum Gelege gelangt. Umgekehrt bietet das Hochformat Gelege und Jungvögeln besseren Schutz für Gefahren von außen, und vor allem verlassen die Jungen nicht

Bild 11. Normal-Graugrün

Bild 12. Nistkästen im Hoch- und Querformat. A Deckel, B Aufhängevorrichtung, C Schlupfloch, D Nestmulde

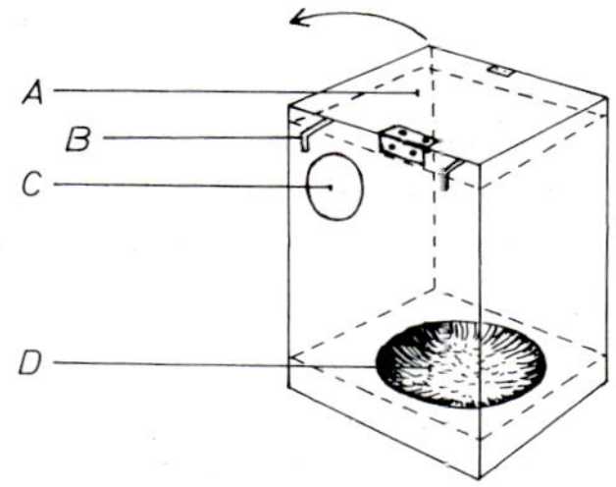

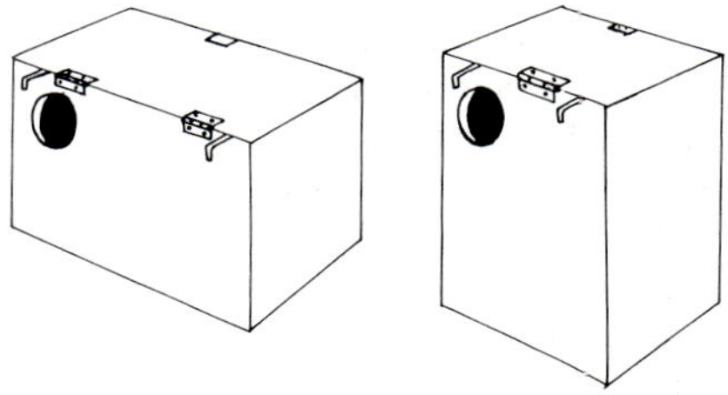

zu früh das Nest bzw. fallen vorzeitig heraus, was beim Querformat nicht selten ist. Ein geeigneter Kompromiß beim Hochformat ist das Anbringen einer nach außen und innen reichenden Anflugstange durch ein passendes Bohrloch, über die das Weibchen besser anfliegen und vorsichtiger zum Gelege hinabsteigen kann. – Geeignete Maße für Wellensittichkästen sind 25 cm Höhe, 17 mal 17 cm Bodenfläche und Durchmesser des Schlupfloches 4,5 cm. Der Zoohandel bietet geeignete Nist-Kästen für Sittiche in allen Größen aus Holz und Plastik an, auch ausgehöhlte Naturstämme für Anspruchsvolle. Man muß nur darauf achten, daß sie ausreichend tiefe Nestmulden haben und leicht zu kontrollieren sind. Der Heimwerker wird Selbstbau vorziehen, bedarfsfalls nur die Bodenblöcke zum Ausdrechseln der Nestmulden außer Haus geben.

Selbstverständlich sollte man nur passende Paare einsetzen. Vor überzähligen Vögeln – besonders

Bild 13. Normal-Grau

vor Weibchen – kann nicht genug gewarnt werden. Unbeweibte Männchen stören bei jeder Gelegenheit das nicht unkomplizierte Liebesspiel der Wellensittiche; ledige Weibchen dagegen überfallen nahezu immer früher oder später bereits brütende Rivalinnen. Während die „Hahnenkämpfe" im Gegensatz zu vielen anderen Vögeln meist harmlos verlaufen, gehen die Kämpfe unter den Weibchen in der Regel in diesem Stadium bis zum Tode einer Gegnerin, und die betreffende Brut wird dabei in jedem Falle zerstört. Es gibt sogar Weibchen, die von Kasten zu Kasten wandern, um darin befindliche Eier hinauszuwerfen oder die Jungen zu töten. Das hat schon manchem Anfänger die Freude an der Sache für immer verdorben.

Eine Wellensittich-Ehe ist – so zärtlich sie anmuten mag – nicht immer treu. Und besonders das bei diesen Vögeln sonst gar nicht so „starke Geschlecht" neigt zu Seitensprüngen, wenn eigene Weibchen bereits brüten. Wer trotz Koloniebrut Wert auf Reinerbigkeit legt, sollte die Vögel nach seinen Wünschen zuvor in Einzelboxen etwa 14 Tage anpaaren. Diese Boxen können primitiv sein, da sie nur für einen kurzen Gebrauch bestimmt sind. Dadurch kann unerwünschter Nachwuchs weitgehend auch bei Koloniebrut vermieden werden. Neben der Freude an den schönen natürlichen und außerordentlich abwechslungsreichen Bildern, die die Volierenzucht wie keine andere bietet, bestehen Vorteile durch vereinfachte Fütterung und Reinigung. Mehrere große Futtergefäße beliebiger Machart sind dafür aufzustellen. Besser noch hängen Sie jene praktischen Futterautomaten, die heute in allen Größen zu haben sind, auf. Dadurch kann man anstatt Mischfutter Einzelsaaten reichen, was bedeutend sparsamer ist, und man braucht nicht zu fürchten, daß zaghafte Vögel zu kurz kommen. Mit Lebertran versetztes Futter eignet sich freilich nicht für Automaten, ebensowenig Weichfutter, das in Extra-Näpfen gereicht werden muß.

Nistkastenkontrollen, die von Wellensittichen selten übelgenommen werden, sollten ganz besonders bei größeren Volierenzuchten täglich vorgenommen werden. Etwaige zerbrochene Eier oder tote Junge müssen gleich entfernt werden, will man die übrige Brut nicht gefährden. – Für Notizen über Bruterfolge und Besonderheiten der einzelnen Paare hat sich das Anbringen von Nestkarten beliebiger Ausführung außen an den Kästen sehr bewährt. – Selbständige Junge im Alter von etwa sechs Wochen sind besser herauszufangen und gesondert unterzubringen, denn sie stören die Altvögel gern beim Ablauf der nachfolgenden Brut oder werden von ihnen auch verfolgt – besonders dann natürlich, wenn sie in Kästen einzudringen versuchen, wozu manche Jungvögel schon sehr früh neigen.

Nach zwei, allerhöchstens drei Bruten müssen die Paare getrennt werden, will man sie nicht unverantwortlich ausnutzen. Dieser irgendwie gewaltsame Abbruch mißfällt vielen Liebhabern, ist aber unvermeidlich, da sich nun einmal keine australische Trockenzeit in unseren Breiten heraufbeschwören läßt. – Besonders störend ist die Tatsache, daß – wann auch immer man die Brut abbricht

– sich Eier und Junge in manchen Kästen befinden. Wer es sich platzmäßig leisten kann, sollte darum seine Paare nach und nach dann herausfangen, wenn sie gerade eine Brut beendet haben und nur ein bis zwei frische Eier im Kasten sind, in denen sich noch kein Leben entwickelt hat. Eier oder kleine Junge besonders wertvoller Paare kann man Nachzüglern unterschieben, zumal fast nie alle Paare gleichzeitig mit der Brut begonnen haben, solche Nachzügler also meist vorhanden sein werden.

Abgebrütete Zuchtvögel ruhen am besten nach Geschlechtern getrennt in geräumigen Volieren ohne Nistkästen aus, und es ist gut, wenn man es so einrichten kann, daß eine Voliere mit Jungvögeln dazwischenliegt. Sonst hängen die getrennten Partner noch tagelang am Draht und kommen nicht recht zur Ruhe. Kann man das nicht, so müssen die Paare beisammenbleiben, die Nistkästen aber unbedingt *gleichzeitig* entfernt werden.

Bild 14. Gelbgesicht-Grau (vielversprechender Jungvogel)

Nicht Temperatur und Dauer des Tageslichtes, nicht so sehr die Anwesenheit und Balz geeigneter Partner, sondern vielmehr das Vorhandensein passender Nisthöhlen regen die Eierstöcke der Wellensittich-Weibchen zur Produktion an, abgesehen von geeigneter Nahrung. – Hier haben wir wieder die Parallele zum Wildvogel, der sich den australischen Verhältnissen angepaßt hat. Die Nahrung dürfen wir den Vögeln nicht entziehen; wir haben aber doch die Möglichkeit, treibende Futterstoffe fortzulassen. Das führt in Verbindung mit dem Verschwinden der Nistkästen zur Rückbildung der Geschlechtsorgane bei beiden Geschlechtern und löst somit eine wirkliche Ruheperiode aus. Daher sind viele Züchter dazu übergegangen, beide Geschlechter außerhalb der Brutzeit ruhig beieinander zu lassen. Mehr noch: Nachdem man festgestellt hat, daß die ruhenden Vögel auf diese Weise weniger Fett ansetzen und im ganzen aktiver bleiben, demzufolge oft bessere Bruterfolge in der nächsten Brutperiode haben, ist diese Methode begrüßenswert.

Die Zucht in *Einzelhecken,* die für rasse- und zielbewußte Farbenzüchter wegen des Abstammungsnachweises eine Notwendigkeit ist, von der aber auch Züchter für den Bedarf an zahmen Sprechern mehr und mehr Gebrauch machen, ist arbeitsaufwendiger und weniger natürlich. Sie bietet aber manchen Vorteil. Vor allem werden Störungen durch Rivalenkämpfe ausgeschaltet. Das Mindestlängenmaß für ein Heckabteil sind 60 cm, besser mehr. Doppelheckabteile, in beliebig vielen Etagen je nach Höhe des Raumes übereinandergestellt, bieten die Möglichkeit, die Nistkästen jeweils im oberen Drittel außen seitlich anzubringen. Das ist ebenso platzsparend wie praktisch. Den Vögeln steht mehr Innenraum zur Verfügung, und der Züchter kann die Kästen von außen kontrollieren. Werden lange Heckregale mit mehr als zwei Abteilen nebeneinander verwendet, so wird zwar seitlich Platz gespart, die Nistkästen müssen aber entweder innen oder außen an der Frontseite Platz finden. Innenanbringung erschwert die notwendige Nestkontrolle, Befestigung an der vorderen Gitterwand nimmt Licht fort. Außerdem brüten manche Paare weniger ruhig und erfolgreich, wenn das Schlupfloch von der Seite abgewandt ist, auf der sich der Pfleger nähert. – Zur Pflegeerleichterung und besseren Beobachtungsmöglichkeit, auch der besseren Luft- und Feuchtigkeitsregulation wegen, sollte zwischen der obersten Etage und dem Dach, dazu zwischen der untersten und dem Boden ein nicht zu geringer Zwischenraum ausgespart bleiben. Zur bequemen Reinigung sind leicht gleitende, nicht zu flache Schubladen wichtig. Als Bodenbelag ist in Deutschland nicht zu feiner, gereinigter Sand üblich, während man im Ausland teils Sägemehl, teils auch Futterhülsen wie Hirsespreu nach der sogenannten Tiefstallmethode verwendet. Nach der letztgenannten Methode wird der Käfigboden während einer ganzen Brutperiode nicht gereinigt, um Störungen zu vermeiden und Arbeit zu sparen. Da täglich Futterhülsen anfallen, bleibt die oberste Schicht einigermaßen frisch, die Feuchtigkeit im Kot wird von den Hülsen absorbiert, und die Unterlage bleibt trocken.

Als Baumaterial werden heute hauptsächlich die billigeren Preßstoffplatten und Holzleisten benutzt. Plastik hat sich inzwischen auch bewährt und sieht gut aus. Zwei festsitzende Stangen genügen pro Heckabteil. Sie sollen in mittlerer Käfighöhe so angebracht werden, daß sich die Vögel nicht die Schwanzfedern an den Käfigwänden zerstoßen, andererseits aber einen möglichst weiten Sprung, besser noch einen kleinen Flug von Stange zu Stange machen müssen. Für Wellensittiche sollten sie aus Hartholz sein. Sie müssen wegen der notwendigen Griffigkeit insbesondere für die erfolgreiche Begattung eine rauhe Oberfläche haben und sollen eher dick als zu dünn gewählt werden. Auch kantige und ovale Stangen haben sich bewährt. – Fürs Wasser genügen kleine Plastiktränken, die man bequem zwischen das Gitter neben eine Sitzstange schieben kann. Die Plastiktränken sind pflegeleicht, und Zusätze wie Vitamine usw. „verfliegen" nicht so schnell. – Futternäpfe sollten aus Porzellan oder glasiertem Ton sein, weil leichte Näpfe von den verspielten Krummschnäbeln gern umgeworfen werden. Es gibt schwere Näpfe in verschiedenen Größen im Zoohandel, dazu für Kalk oder Grit die praktischen kleinen Einstecknäpfe ins Gitter. Von Automaten, die jetzt auch in kleinen Käfiggrößen auf dem Markt sind, wird abgeraten. – Mischfutter wird von den Vögeln oft mehr herausgeworfen, als man dabei spart. Außerdem kommt es leicht zu Verstopfungen, zumal bei ölhaltigen Beimischungen, und der Verlust eines Zuchtpaares durch Verhungern ist ebenso traurig wie tierquälerisch.

Wellensittiche können also zu jeder Jahreszeit zur Brut gebracht werden. Schauzüchter beginnen sogar schon im Dezember damit. Erwerbszüchter halten das ganze Jahr über ihre Heckkäfige wechselweise besetzt, andere wieder züchten mit einer Gruppe von Paaren im Frühjahr, mit einer weiteren im Herbst. Die Erfahrungen sind verschieden, und es gibt keine festen Regeln. In jedem Falle ist schwache Beheizung der Zuchträume im Winter notwendig und die beste, da natürlichste Brutzeit das Frühjahr, wenn frisches Grün zu haben ist.

Bei Koloniebrut in Volieren ist gleichzeitiges Einsetzen sämtlicher Paare wegen der späteren Kämpfe durch Neuankömmlinge notwendig. In die Einzelhecken kann man die Paare je nach Grad der Brutkondition geben, die bei Männchen an einer glatten und tiefblauleuchtenden, bei Weibchen an einer tiefbraunen Nasenhaut fast immer erkennbar ist. – Zudem dürfen sich die Zuchtvögel nicht in Vollmauser befinden und sollen Balzverhalten zeigen: Die Männchen tanzen dann kopfnickend und mit verengten Pupillen umher, die Weibchen nagen an allem Erreichbaren, und beide Geschlechter füttern sich – auch bei getrennter Haltung – gegenseitig. Zweckmäßig setzt man die häufig nervöseren Weibchen einige Tage früher allein ein, damit sie sich an die neue Umgebung gewöhnen und ein wenig „Winterspeck" verlieren, den besonders ältere Tiere in der Ruhezeit gern ansetzen. An Gesellschaft gewöhnte, einzeln gesetzte Wellensittiche fressen nämlich dann wenig, was in diesem Falle während nur weniger Tage nützlich ist. Um so bereitwilliger und schneller wird im allgemeinen später das ihnen bestimmte Männchen angenommen – auch dann, wenn zuvor im Gemeinschaftsflug andere lose Bindungen eingegangen wurden, die sehr oft nicht den züchterischen Gesichtspunkten entsprechen.

Es ist ratsam, den Nistkasten wiederum erst einige Tage später einzuhängen, damit sich das Paar zuerst fest bindet. Sonst verschwinden manche Weibchen sofort darin und kommen nur noch so kurz und selten zum Vorschein, daß die Männchen die bei Wellensittichen recht umständlich anmutende Begattung weder erfolgreich noch oft genug durchführen können. Unbefruchtete Gelege sind die Folge. Nicht jeder Züchter hat die Zeit, seine Vögel daraufhin zu beobachten. Aber wenn das Männchen sein Weibchen füttert, was sehr häufig geschieht, kann der Kasten eingehängt werden. Bei älteren Weibchen, die schon gebrütet haben, dauert es dann etwa acht Tage bis zur Ablage des ersten Eies, bei jungen muß man mitunter drei Wochen darauf warten und sollte nicht ungeduldig werden. Erst wenn Weibchen innerhalb von vier bis sechs Wochen nicht gelegt haben, muß angenommen werden, daß ein Weibchen innerlich krank oder unfruchtbar ist. Schuld daran kann eine als Domestikationsfolge relativ häufige Mißbildung des Eileiters sein. Es kommt dadurch u. a. zu Eiablagen in die Bauchhöhle, wo sie absorbiert werden. Völlige Sterilität in beiden Geschlechtern ist beim Wellensittich dagegen selten. Verläuft alles normal, so wird jeden 2. Tag ein Ei gelegt, bis das Gelege mit fünf bis maximal neun Eiern – bei jungen Weibchen oft drei bis fünf – vollzählig ist. Gebrütet wird vom ersten oder spätestens zweiten Ei an fest, so daß die Jungen nach 18 Tagen wiederum im Abstand von zwei Tagen schlüpfen. Das ist beim Wellensittich ganz natürlich, und es mutet als ein kleines Wunder an, daß das Weibchen in der Dunkelheit der Nisthöhle selbst bei verschiedenaltrigen Jungen, die auch verschieden groß sind, jeden ihrer Sprößlinge individuell versorgt. So wird selbst bei acht Jungen auch das Nesthäkchen nicht vergessen, das beim Schlüpfen noch nicht einmal so groß ist wie der Fuß des fünfzehntägigen Ältesten. Dennoch ist es besser, so starke Bruten – wenn möglich – auf andere Nester zu verteilen und einem Weibchen nicht mehr als höchstens fünf Junge zu lassen. Bis zum Alter von drei Wochen werden fremde Junge ohne weiteres von Pflegeeltern angenommen, mitunter auch noch ältere. – In den ersten Lebenstagen bekommen junge Wellensittiche überwiegend vom Weibchen ein eiweißreiches Sekret, das nach TAYLOR im Vormagen – nicht wie beispielsweise bei Tauben im Kropf – erzeugt und emporgewürgt wird. Mit zunehmendem Alter der Jungen wird dieses Sekret mehr und mehr mit angedautem Futter durchsetzt, das zunächst vom Männchen aufgenommen, an das Weibchen weitergegeben und von ihm den Jungen weitergereicht wird. Mit ungefähr 14 Tagen werden die Jungen auch vom Männchen direkt gefüttert, das nach dem Ausfliegen der Jungvögel mit 30 bis 35 Tagen die Fütterung meist allein übernimmt. – Junge Wellensittiche verlassen vollständig befiedert und voll flugfähig den Kasten, sind jedoch zunächst noch einige Tage unbeholfen, gehen aber rasch mit ans Futter und sind spätestens innerhalb weiterer 14 Tage selbständig. – Manche Weibchen, die noch vor dem Ausfliegen aller Jungen ein neues Gelege begonnen haben, was die Regel ist, beißen und verletzen die eben ausgeflogenen Jungen oft gefährlich. Dann ist es besser, die Jungvögel schon zwei bis drei Tage nach dem Ausfliegen von den Alten zu trennen und sie zunächst in einen nicht zu großen Käfig zu setzen, wo sie das Futter

Bild 15. von links nach rechts: Australischer Schecke Hellgrün, Normal-Hellblau, Normal-Zimt-Grau

vor dem Schnabel haben. Die meisten machen rasch davon Gebrauch, und die jüngsten lernen es von den älteren Geschwistern, von denen sie sogar mitunter gefüttert werden. Auch ältere ledige Männchen – zu solchen Jungen gesetzt – füttern oft, so daß Verluste bei dieser Methode im allgemeinen gering bleiben. Wer vorgezähmte „Nestjunge“ an Händler abgibt – und das tut die Mehrzahl der heutigen Züchter –, wendet sie sogar als Regel an. – Trauern einzelne vorzeitig abgesetzte Junge nach ein bis zwei Tagen bei offensichtlich leerem Kropf, den man fühlen kann, so kann man sie retten, indem man sie nochmals in den Nistkasten gibt: Dort betteln die Jungen das Weibchen gleich an – und dem kann selbst ein erneut brütendes Weibchen nicht widerstehen. Sorgfältige Beobachtung und rechtzeitiges Eingreifen können manches kleine Vogelleben retten.
Im Jugendkleid zeigen Wellensittiche stumpfere Farben und eine unvollständige Zeichnung. Die Augen sind einfarbig dunkel ohne hellen Irisring, die Nasenhaut ist bei jungen Männchen meist rosa, bei Weibchen eigenartigerweise bläulich, was häufig zu Fehldiagnosen bei frühzeitiger Geschlechtsbestimmung führt. Die typische Umfärbung der wachsartigen Nasenhaut erfolgt erst allmählich. Reelle Händler garantieren das Geschlecht und sind zum Umtausch bereit, wenn sie sich einmal geirrt haben. – Erst mit neun Monaten ist ein Wellensittich vollständig ausgefärbt und ausgewachsen, manche Rassen noch später. Deshalb sollten sie auch nicht früher zur Brut eingesetzt werden. Späteren Brutvögeln ist ein Leben in geräumigen Freivolieren bei Licht, Luft und Sonne mit Gelegenheit zu Brausebädern im warmen Sommerregen besonders zuträglich und eigentlich ein „Muß“ für Wellensittiche, die in Einzelhecken gezüchtet wurden. – Der Abbruch der Brutzeit in der Einzelhecke ist einfacher. Man entfernt die Weibchen unmittelbar nach Ausfliegen des letzten Jungen aus der zweiten Brut, ebenso die Kästen und bereits angefangene Drittgelege. Die Männchen füttern die Jungen dann störungsfrei hoch, bis alle in Volieren oder in größere Flugkäfige

Bild 16. Normal-Hellflügel-Hellgrün (farblich gut, Zeichnung zu dunkel)

Bild 17. Normal-Hellflügel-Dunkelgrün (gut in der Zeichnung, wenig Kopf)

kommen und die Heckkäfige gründlich gereinigt werden können, desgleichen natürlich Nistkästen und das übrige Zubehör. Vorteilhaft ist es, wenn die Weibchen außer Hörweite der Männchen gebracht werden können. In Sicht- und Hörweite bleiben nämlich räumlich getrennte Paare lange noch in Rufkontakt und erholen sich weniger gut. – Die Weibchen legen nach der Trennung meist noch ein bis zwei Eier, was aber nicht tragisch zu nehmen ist. Gegen Zugluft und nasse Kälte sind sie allerdings in der ersten Zeit empfindlich und dürfen keinesfalls im Winter plötzlich ins Freie gebracht werden.

Drei Bruten sind gerechtfertigt, wenn eine vorangegangene Brut infolge unbefruchteter oder abgestorbener Eier bzw. früh eingegangener Jungen negativ verlaufen ist. Nebenbei gesagt: Nicht Eiablage und Brüten, sondern das Aufziehen einer Brut fordert dem Paar das meiste ab. Nach etwa acht Tagen Bebrütungszeit erkennt man beim Durchleuchten (Halten zwischen Daumen und Zeigefinger gegen helle Lichtquelle), ob ein Ei befruchtet ist. Befruchtete Eier schimmern dann rötlich durch die sich bildenden Blutgefäße, während ein hoch bebrütetes Ei bis auf eine Luftblase am stumpfen Ende ganz dunkel ist. Unbefruchtete Eier bleiben hell und durchsichtig. Erkennt man ein vollständig unbefruchtetes Gelege, ist es besser, dem Paar ein bis drei Junge unterzuschieben (z. B. aus kopfstarken Bruten), als den Rhythmus durch Fortnahme des Geleges zu unterbrechen. Man wird die Erfahrung machen, daß die Befruchtung des nächsten Geleges nach Aufzucht der Stiefkinder häufig besser ist, als wenn ein Weibchen vorzeitig zur neuen Eiablage gezwungen wird. – Bis zum achten Lebenstag sind junge Wellensittiche nackt und blind. Als erstes sprießen die je nach Farbschlag weißen oder grauen Unterdaunen, dann Schwingen und Schwanz und, etwa ab dem 14. Lebenstag, die farbigen Deckfedern.

Nach bestehendem Gesetz müssen Wellensittiche offen oder geschlossen beringt werden. Letztere können noch nach dem Ausfliegen bequem mittels einer kleinen Zange angelegt werden. Wer Wert auf genaue Abstammung legt oder in Vereinen organisiert ist, muß geschlossene Ringe anlegen. Das ist etwas schwieriger, läßt sich aber nach etwas Übung auch leicht meistern. Zwischen dem sechsten und neunten Lebenstag nimmt man den Jungvogel in eine Hand und umfaßt den Fuß mit den Fingern so, daß die drei vorderen Zehen nebeneinander liegen, mit der anderen Hand streift man dann den Ring soweit wie möglich über diese Zehen und das Fußgelenk. Schließlich zieht man mittels eines stumpfen Hölzchens die hintere kleine Zehe durch den Ring. – Die Füße der Sittiche entwickeln sich verschieden. Wird der Zeitpunkt zu früh gewählt, dann fällt der Ring wieder ab. Ist man etwas spät dran, so muß man einen Tropfen Öl, besser noch Speichel zu Hilfe nehmen, um den Ring ohne Verletzung überzustreifen. Die Ringnummern werden gleich auf der Nestkarte vermerkt, was für den Abstammungsnachweis besonders wichtig ist, wenn Junge in andere Nester verlegt werden müssen.

Gelegentliche Pannen bei der Aufzucht können durch schlecht fütternde oder federrupfende Weibchen vorkommen. In beiden Fällen ist nur rasches Umlegen der betroffenen Jungen voll wirksam. Aber junge Weibchen füttern manchmal anfangs nur deshalb schlecht, weil sie noch nicht genügend Vormagenmilch bilden. Dann gehen die ersten Jungen ein, spätere werden aber noch gut aufgezogen.

Der Kot gesunder Nestlinge ist fest und trocknet rasch ab. Es ist jedoch besser, wenn man zu Anfang eine Handvoll Sägemehl in den Kasten gibt, den allerdings manche Weibchen wieder z. T. hinausbefördern. Das ist jedoch ohne Bedeutung, und man braucht einen solchen Kasten erst nach Ablauf einer Brut zu reinigen. – Manche Paare sind aber sogenannte „Naßfütterer", d. h. sie geben ihren Jungen zuviel Feuchtigkeit. Das braucht nicht unbedingt krankhaft zu sein. Man muß in solchen Fällen die Unterlage nur häufig durch trockenes Sägemehl ergänzen und aufpassen, daß Füße und Schnäbel der Jungen nicht von Kotballen überkrustet werden. Werden diese Ballen nicht regelmäßig entfernt, so können Mißbildungen während des raschen Wachstums die Folge sein. – Häufig sieht man Wellensittiche, deren Oberschnabel in den Unterschnabel wächst, was allerdings auch eine Degenerationserscheinung sein kann.

Neben einer Reihe von anderen Gesichtspunkten wie Farbe, Typ, Abstammung usw., die bei Verpaarungen für die Zucht in Einzelhecken zu berücksichtigen sind, ist zu empfehlen, ein älteres, erfahrenes Männchen mit einem jungen Weibchen und junge Männchen mit älteren Weibchen zusammenzugeben. Das hat die Praxis ähnlich wie in der Taubenzucht nach Qualität und Quantität erwiesen. Im übrigen werden auf diese Weise Verluste vermieden, die junge Vögel beiderlei Geschlechts zunächst aus Unerfahrenheit verursachen, die aber – sofern man es nicht frühzeitig bekämpft – zur negativen Dauergewohnheit werden können. – Manche jungen Männchen treiben ihre Weibchen aus Übereifer zu sehr und verfolgen sie bis in den Nistkasten, wodurch wiederum leicht Eier zerbrechen. Die Vögel bemühen sich dann, die Eireste aus dem Kasten zu entfernen. Dabei verunreinigen sie sich mit deren klebrigem Inhalt und kommen beim nachfolgenden Putzen leicht auf den Geschmack. Auf diese Weise können sich beide Geschlechter zu notorischen Eierfressern entwickeln. Man kann sie manchmal noch dadurch heilen, daß man ihnen jene kleinen Gipseier unterlegt, die es im Zoohandel speziell für die Kanarienzucht zu kaufen gibt. Durch vergebliche Bisse in solche steinharte Eier vergeht ihnen häufig die Lust, überhaupt Eier anzuknabbern. – Es gibt schließlich auch Paare, die stundenlang friedlich nebeneinander im Kasten sitzen, ja Männchen, die mitbrüten, ohne daß Eier oder Junge Schaden nehmen. Deshalb braucht man sich nicht gleich zu beunruhigen, wenn Männchen den Nistkasten aufsuchen. Oft sind es sogar die besten Väter, die die kleinen Jungen gleich mitfüttern helfen. Einem solchen Männchen kann man sogar einige kleine Junge überlassen, wenn dem Weibchen in dieser Zeit etwas zustoßen sollte. Verunglückt ein Männchen, so zieht das Weibchen bis vier Junge ohne weiteres allein groß. – Auf keinen Fall darf man dem Weibchen in dieser Zeit ein neues Männchen geben, sonst verläßt es entweder die Brut, um eine neue „Ehe" einzugehen, oder – seltener – das Männchen wird totgebissen. So ist das nun einmal. Ernsthaft kämpfende Wellensittich-Weibchen zielen sofort nach der Schädeldecke des Gegners, die sie mit wenigen Bissen durchbohren können. Solche Kämpfe kommen aber fast ausschließlich bei der Nestverteidigung vor. Im zuletzt erwähnten Fall wird das später hinzugesetzte Männchen eben als fremder Eindringling betrachtet. – Von der Unart des Federrupfens mancher Weibchen – seltener Männchen – war schon die Rede. Leicht gerupfte Junge befiedern sich

Bild 18. Normal-Hellflügel-Dunkelblau (Farbe gut, Zeichnung zu dunkel)

schnell wieder. Aber wenn man nicht aufpaßt und ein solches Weibchen oder die angerupften Jungen nicht schnell genug entfernt, rupft sie das Weibchen bis auf Flügel und Schwanz kahl. So schwer geschädigte Junge brauchen Monate, bevor sie wieder voll befiedert sind, und manche erholen sich nie. – Warum Papageien ihre Jungen rupfen, während sie sie weiterfüttern – diese Untugend ist nicht allein auf Wellensittiche beschränkt –, weiß man noch nicht genau. Vermutlich werden die anfangs blutgefüllten Kiele sprießender Federn zunächst nur spielerisch durch den Schnabel gezogen, und dadurch können die Weibchen beim Zerbeißen einzelner Kiele auf den Blutgeschmack kommen. Manche Weibchen rupfen nur den ersten Flaum und lassen das Deckgefieder unbehelligt. Das bleibt ohne nachteilige Folgen, weil der Unterflaum rasch nachwächst. Nach anderer Auffassung entsteht das Rupfen aus Mangel an Mineralien der Brutweibchen und kann durch ausgewogene Fütterung ausgeschaltet werden.

Fütterung – naturgemäß

Der Samen verschiedener Gräser ist die Grundnahrung des freilebenden Wellensittichs. Pflanzensoziologisch betrachtet, sind Hirse, Glanz und Hafer nichts anderes als kultivierte Gräser *(Gramineen)*. Daher werden diese Futtersorten am besten angenommen und vertragen. Sie stellen heute noch das Grundfutter unseres domestizierten Vogels dar. Es gibt viele Hirse- und Glanzsorten aus verschiedenen Anbaugebieten. Im Zoohandel sind gutausgewogene Mischungen davon erhältlich, auf der anderen Seite aber auch weniger gute, die nach Sortenwahl und Mischungsverhältnis mehr das Auge des Menschen ansprechen, als sie für die Vögel bekömmlich sind. Vor allem wird die hartschalige rote Dakotahirse aus den USA ungern genommen und auch nicht immer vertragen. Ebenso sieht die Goldhirse aus Marokko schöner aus, als sie für die Schnäbel besonders junger Wellensittiche wegen ihrer Härte zuträglich ist. Umgekehrt ist beispielsweise die unansehnliche graue Japanhirse ausgezeichnet; aber wenige Firmen sind bereit, sie beizumischen, weshalb sie nur in kleinen Mengen importiert wird. Ähnlich ist es mit der Mohairhirse aus Indien. Jedes Wellensittichfutter enthält La-Plata-Hirse, die blaßgelb, mittelgroß und daher auch nicht sehr ansehnlich ist, aber besonders preiswert und glücklicherweise für die Vögel sehr gesund. Dasselbe gilt auch für die großkörnige weiße Hirse aus den USA, die nahrhaft und zugleich weich ist. Schließlich gibt es noch die stumpfgelbe, kleine Senegalhirse, die zu Recht in einigen guten Mischungen enthalten ist, weil sie gern gefressen wird und sich auch besonders zur Jungenaufzucht eignet.
Guter Glanzsamen – auch „Kanariensaat" genannt – sollte in ausreichender Menge in keiner Wellensittichmischung fehlen. Die länglichen, gelben Körner mit braunem Kern sind leicht verdaulich, nährstoffreich und leicht zu schälen, weshalb sie von den Jungvögeln als erstes Futter selbständig aufgenom-

Bild 19. Normal-Hellflügel-Dunkelblau (Rückenansicht, von guter Zeichnung und Farbe, Kopf sollte breiter sein)

men werden. In England füttern die Züchter Mischungen, die 60 bis 80% Glanz enthalten, während handelsübliche deutsche Mischungen bestenfalls aus 30% Glanz bestehen.

Heimtierhalter und -pfleger nur weniger Wellensittiche sind auf Mischungen angewiesen, sollten aber zusätzlich von sich aus 10 bis 20% Glanz beimengen. Schließlich enthält jede käufliche Mischung 2 bis 5% geschälten Hafer. Das ist für Haustiere gerade richtig, weil zuviel Hafer leicht zur Verfettung führt.

Für Züchter mit mehr als zwei Paaren empfiehlt sich, Einzelsaaten en gros zu kaufen und entweder in Volieren in Automaten mit mehreren Abteilen einzeln nach dem individuellen Bedarf der Vögel zu verfüttern oder das Futter selbst zu mischen. Die zweite Methode hat den Vorteil verschiedener Mischungen für Brutzeit, Aufzucht und die Zeit der Ruhe ausgewachsener Wellensittiche. Die Brutmischung sollte mindestens zu 40% aus bestem Glanz bestehen, dazu 25% Silber-,

25% Plata- und 10% Senegalhirse; die Aufzuchtmischung bis zum neunten Lebensmonat sollte aus mindestens 40% Glanz und im Hirseanteil aus 10% Japanhirse bestehen; die Ruhemischung besteht aus 30% Glanz, 35% Plata- und 35% Silberhirse. Diese Beispiele sind nur als Richtschnur gedacht, denn auf den gleichbleibenden Erfolg kommt es an, wobei es geringfügig unterschiedliche Erfahrungen gibt. Manche Züchter füttern zusätzlich Neger-, Salat- oder Leinsamen, die alle viel mehr Fette enthalten als die *Gramineen,* deren Hauptbestandteile Kohlehydrate und Stärke sind. Kleine Mengen Ölsaat schaden daran gewöhnten Wellensittichen nicht und fördern u. a. das Gefiederwachstum und dessen Glanz.

Geschälter Hafer ist für Zuchtmischungen unnötig, ja gar nicht einmal gut. Besser kauft man ganzen, gesunden, gut gereinigten Futterhafer vom Bauern oder im Getreidehandel und reicht ihn wegen der großen Spelzen in extra Näpfen; dadurch kann man ihn auch individuell dosieren. Unter den *Gramineen* enthält Hafer am meisten Eiweiß und andere wichtige Wirkstoffe einschließlich Mineralien. Kalt gehaltenen Wellensittichen kann er im Winter in beliebigen Mengen – soviel sie aufnehmen – gegeben werden. Im Sommer sollte man wegen der Verfettungsgefahr sparsamer damit umgehen und ihn in der Brutzeit am besten in angekeimter Form reichen. An das Enthülsen ganzer Haferkörner gewöhnen sich Wellensittiche leicht, und ihr Schnabelhorn wird dadurch natürlicher abgenutzt. Außerdem sitzen unter der äußeren Schale des Hafers die meisten Wirkstoffe. Keimhafer stellt man einfach her, indem man ganze Haferkörner in flacher Auflage in großflächige Schalen schüttet und mit Wasser bedeckt an einem möglichst warmen Ort 24 Stunden stehenläßt. Dann wird das Wasser abgegossen, der Hafer in einem Sieb unter der Wasserleitung gründlich durchgespült, anschließend nochmals 24 Stunden feuchtwarm stehengelassen. Nun können wir kleine, weiße Wurzelkeime am Ende der stark aufgequollenen Körner entdekken, und das richtige Stadium zum Verfüttern ist erreicht. Es werden heute praktische Keimapparate aus Plastik angeboten, bestehend aus 3 übereinander angeordneten Behältern mit durchlöchertem Boden, von denen jeden Tag einer mit fertigem Keimfutter entnommen werden kann, wenn man laut beigefügter Vorschrift verfährt. Häufiges Reinigen vermeidet Säuern.

Auf die gleiche Weise können Glanz und Hirse – vorzugsweise gesondert – gekeimt werden, da sie nach Sorten unterschiedliche Keimzeiten haben. Am schnellsten keimen Senegal- und Platahirse, manche Glanzsorten dagegen wesentlich langsamer. – Wer es sich zeitlich und räumlich leisten kann, sollte während der Brutzeit und der Wachstumsperiode viel Keimfutter als natürlichste Nahrungsbasis geben und wird damit die allerbesten Erfolge haben. Denn freilebende Wellensittiche nehmen praktisch nur zu Ende ihrer Brutzeit und während ihrer Wanderzüge voll ausgereifte und trockene Körner auf, davor aber Gräser in allen Reifestadien von den Blüten bis zum halbreifen Korn.

Aus demselben Grunde ist auch eine zusätzliche Fütterung mit einheimischen halbreifen Gras- und Getreideähren außerordentlich wertvoll und hilft zudem

Futter sparen. An Getreide kommen vor allem Hafer und Weizen in den Monaten Juni und Juli in Frage. – Wiesen- und Waldgräser findet man ab Juni bis in den Herbst hinein, das jährige Rispengras *(Poa annua)* sogar in milden Wintern unter Hecken und in Gärten. Im übrigen kann man je nach Gegend selber ausprobieren, was an Gräsern am liebsten genommen wird. Wichtig ist nur, daß sie frisch sind und nur in sauberem, nicht chemisch behandeltem Gelände gesammelt werden. Man schiebt die Gräser Zuchtpaaren in kleinen Bündeln zwischen das Gitter und hängt größere Bündel in den Volieren auf. Es ist ein hübsches Bild, wenn eine bunte Schar Wellensittiche daran turnt.

Das beste Grünfutter auch für Wellensittiche ist die Vogelmiere *(Stellaria media)*, besonders die Knospen und Samenkapseln im Frühjahr und nochmals im Herbst. In schneearmen Gegenden findet man Vogelmiere während des ganzen Jahres. In knapperen Zeiten werden auch Blätter und Stengel restlos verzehrt; nur darf man sie nicht in gefrorenem oder welkem Zustand reichen. Man findet sie besonders auf sauermoorigen Böden, auf Komposthaufen, in Obst- und Weingärten, Gärtnereien oder wo sonst immer der Boden aufgelockert wurde. So ist Vogelmiere ein von Landwirt und Gärtner bestgehaßtes Unkraut. Deshalb muß der botanisierende Vogelliebhaber sehr darauf achten, daß die Umgebung nicht mit Unkrautbekämpfungsmitteln behandelt wurde, die in den meisten Fällen den Gift-Tod für Vögel in sich bergen.

Bild 20. Prachtopalin-Mauve mit Violettfaktor von guter Größe, aber zu enger Maske

Salat, Spinat, Löwenzahn und eine ganze Reihe von Unkrautsämereien, die sich

allgemein als Vogelfutter eignen, werden auch von Wellensittichen geschätzt und dienen ihrer Gesundheit sehr, sofern sie von den Vögeln genommen werden. Das gleiche gilt für Äpfel und anderes Obst und geriebene oder geschnittene Karotten als Grünfutterersatz im Winter.
Leider ist der Wellensittich in bezug auf seine Nahrungswahl konservativ wie wohl kein zweiter Vogel: Er ist ungeheuer mißtrauisch gegenüber allem Futter, was er nicht kennt. Viele zahme „Hansis" sterben eines frühzeitigen Todes, weil ihre Besitzer – wenn überhaupt – aus Unkenntnis dieses besonderen Verhaltens solche guten frischen Dinge nur einmal angeboten haben, „weil Hansi sie ja doch nicht fraß und sich so fürchtete". Ja, ein Wellensittich kann über eine rotgelbe Mohrrübe oder ein flatterndes Salatblatt in Panik geraten, wenn er solche Dinge noch nie gesehen hat, probiert sie aber doch nach Tagen oder Wochen und ist dann für immer eines Besseren belehrt, wenn sie ihm geduldig immer wieder frisch gereicht werden, bis der Groschen gefallen ist! – In Volieren mit vielen Insassen ist das leichter, weil der kühnste und neugierigste, zugleich oft der ranghöchste Vogel etwas Neues bald als erster probiert und alle anderen es ihm nachtun. An verschiedenes Grünfutter gewöhnte Wellensittiche ziehen ihre Jungen fast immer erfolgreich damit auf. Schon im Alter von zwei bis drei Tagen kann man mitunter im Speisebrei der Nestlinge im durchschimmernden Kropf grüne Pflanzenteile erkennen.
Frische, besser noch knospende Zweige von Weide, Birke und Kernobstbäumen sind im Winter und Frühjahr eine weitere gute Nahrungsergänzung. Denn sie bieten neben der natürlichen Befriedigung des Nagebedürfnisses wertvollste Wirkstoffe vieler Art, die unter der äußeren Rindenschicht, im Baumsaft, besonders aber in den Knospen gespeichert sind.
An Körnerfutter bleibt die Kolbenhirse zu erwähnen, eine der Senegalhirse nahe verwandte Sorte. In reifen Kolben von 10 bis 30 cm Länge ist sie – allerdings nicht gerade billig – im Handel. Indessen, die Aufwendung lohnt sich immer, denn dieses Futter wird wie kein zweites von praktisch allen Körnerfressern – besonders allen Papageiartigen und exotischen Finken, trocken oder angekeimt – bevorzugt verzehrt und von ganz jungen wie kranken und alten Vögeln hervorragend vertragen. Der Grund ist einfach zu erklären: Von seiner Ausreifung angefangen ist der in einem Samenkorn ruhende Keim in einem langsamen Prozeß des Absterbens begriffen, dessen Dauer von Ernte und Lagerung bestimmt wird, während er nur durch Feuchtigkeitseinfluß zur Aktivität im Hervorbringen einer neuen Pflanze gebracht werden kann. Je frischer und damit lebenskräftiger ein Korn ist, um so leichter keimt es. Darum machen erfahrene Züchter bei jedem Futterankauf zunächst Keimproben. Legt man einen Hirsekolben in Wasser, so keimen die Körner darin schon innerhalb von 24 Stunden. Solange sich Körner in Rispen oder Ähren befinden, somit noch irgendwie mit der Mutterpflanze verbunden sind – auch wenn sie tot ist –, vollzieht sich ihr Absterben erheblich langsamer als bei ausgedroschenen Körnern. Das ist das ganze

„Geheimnis“ der Kolbenhirse, die sich außer anderer Herkunft sonst kaum von Senegalhirse unterscheidet. – Gartenbesitzer können ein übriges tun und verschiedene klimatisch weniger anfällige Hirsesorten nach Vorschrift spezieller Samenhandlungen aussäen. Vogelliebhaber in der DDR haben ihre Bestände auf diese Weise über die schlimmste Zeit gerettet, als es dort kaum Importfutter gab. – Am wirksamsten läßt sich jedoch der halbreife Samen verfüttern. Wenn man halbreife Kolben und Hirseähren in den Käfig gibt, wird alles andere stehengelassen. – Glanz anzubauen ist dagegen nicht ratsam, obwohl in Holland und England jetzt eine ergiebigere Sorte angebaut wird, weil die meisten Ähren taub sind.

Wellensittiche sind in der Lage, ihre Jungen allein mit diesen Futtermitteln großzuziehen. Besser aber ist es, sie in der Brutzeit zusätzlich an ein besonderes Aufzuchtfutter zu gewöhnen. Davon gibt es wiederum verschiedene Spezialmischungen auf dem Markt, die von der Zusammensetzung her gut bis sehr gut sind. Sie haben nur eines gemeinsam: die Schwierigkeit, von Wellensittichen angenommen zu werden – ganz gleich, ob sie mehlartig oder krümelig sind. Am besten gelingt es – wie bei der Einführung ungewohnten Futters überhaupt – wiederum in der Voliere für Kolonienbrut; Paare in Einzelhecken kann man anfangs jedoch nur überlisten, wenn feine Mischungen zunächst in kleinen Mengen über das beliebte Keimfutter gestreut werden, wo ein Teil davon an den feuchten Körnern haften bleibt und mit aufgenommen wird. Grobe Mischungen kommen dagegen unter das trockene Körnerfutter; dadurch werden einige Brokken zunächst „aus Versehen“ mitgefressen. Sind die Vögel erst einmal daran gewöhnt, so wird Aufzuchtfutter besser in gesonderten Näpfen gereicht. Manche Paare sind ganz erpicht darauf, solange die Jungen klein sind; andere nehmen nur wenig; einige sind mit keiner List daran zu gewöhnen. Aber schließlich hat auch ein Vogel Anrecht auf individuellen Geschmack. Merkwürdigerweise sind selten Unterschiede zwischen den Jungen, die mit oder ohne Weichfutter aufgezogen wurden, festzustellen, wenn die übrige Fütterung in Ordnung war. – Wellensittich-Weichfutter besteht aus Zwiebackmehl, noch besser Waffelbruch als Grundlage, unter Zugabe von Trockenmilch, Trockenei, etwas Insektenschrot, Honig, Vitaminen und Mineralien. Manche Züchter geben einfach trockene, in Milch oder Wasser eingeweichte Brötchen mit den obengenannten Zusätzen oder mit Traubenzucker als Weichfutter, das von daran gewöhnten Sittichen gern genommen und in frischem Zustand gut vertragen wird. Die Erfahrungen damit sind unterschiedlich.

Seit einigen Jahren ist vielfach üblich geworden, konzentrierte Vitaminkombinationen in flüssiger Form mit oder ohne Zusatz von Aminosäuren als Eiweißvorstufe dem Trinkwasser zuzusetzen, teilweise mit ausgezeichneten Erfolgen. Solche Zusätze empfehlen sich besonders in großstädtischen Vogelhaltungen und in Industriegebieten, wo sauberes Grünfutter und andere Naturprodukte kaum mehr zur Verfügung stehen, außerdem allgemein im Winter. Die Schwierigkeit

besteht nur darin, daß die Wasseraufnahme der Wellensittiche allgemein gering und noch dazu schwankend ist. Dennoch sind diese konzentrierten Mittel besser knapp als zu reichlich und zu häufig zu geben. Man sollte sich am besten nach genauen Vorschriften richten – sofern vorhanden –, woran man besonders gute Mittel erkennt. Sonst genügen einige Tropfen zweimal die Woche, da Überdosierungen ebenso negative Folgen haben können wie Vitaminmangel. Das heutige Überangebot von „Wundermitteln" ist verwirrend und Vorsicht vor nicht begutachteten Präparaten am Platze.
Bewährt hat sich seit eh und je der einfache Lebertran als Vitamin-A- und -D-Spender in sonnenarmen Zeiten und als Vorbeugung vor Legenot (siehe unter Krankheiten). Da er leicht ranzig wird und in dieser Form schädlich ist, mischt man in Abständen je nach Vogelbestand nur kleine Mengen Lebertranfutter etwa im Verhältnis von einem Eßlöffel Lebertran auf 1 kg Körnerfutter. Wichtig ist gutes Durchmischen, so daß sämtliche Körner von einem ganz leichten Ölfilm überzogen sind. Bei Verwendung von Automaten muß das Lebertranfutter gesondert angeboten werden, weil sie sonst verstopft werden. Die Wellensittiche nehmen dann allerdings meist weniger davon, während sie sich schnell daran gewöhnen, wenn es ohne andere Auswahl in offenen Näpfen gefüttert wird.
Alle Körnerfresser brauchen kleine Steinchen, die in ihrem Kropf als Mahlsteine zum Aufbereiten der Körner dienen, bis die Steine selbst zerrieben sind und neue aufgenommen werden. Darum müssen diese Vögel ständig zumindest grobkörnigen, reinen Sand zur Verfügung haben. Da alle Vögel außerdem für Knochen- und Gefiederaufbau und die Bildung der Eischale viel Kalk und andere Mineralien benötigen, hat man einen besonderen Vogelgrit entwickelt, der aus feinem Muschelkalk und anderen natürlichen Ingredienzien besteht und den Vögeln in Sondernäpfen angeboten wird. Ebenso gibt es Futterkalksteine in allen Größen, die für Einzelvögel, Paare und Volierenschwärme geeignet sind. Das Nagen daran ist zudem eine gesunde Beschäftigungstherapie für Wellensittiche; nur müssen sie auch daran von Jugend an gewöhnt werden. Zuchtpaaren sollte man aber besser feinen Futterkalk lose reichen, weil sie ihn während Eiablage und Jungenaufzucht in erstaunlich großen Mengen benötigen und rascher aufnehmen können.

Die Farbschläge – ihre Entwicklung und Züchtung

Nicht allein aus Gründen des Effekts wurden verschiedenfarbige Wellensittiche für die Titelseite dieses Büchleins ausgewählt, sondern auch um zu demonstrieren, daß im Grunde alle farblichen Nuancen – mögen sie dem Laien durch abweichende Farbton- und Zeichnungseffekte noch so unterschiedlich erscheinen – auf die beiden Ausgangsformen Grün und Blau zurückzuführen sind. Deshalb spricht der Züchter von einer Grün- und einer Blaureihe, der alle farblichen

Mutationen beizuordnen sind. Diese Mutationen werden allein durch zusätzliche (selten) oder einen Farbausfall bewirkende (häufig) Faktoren regiert.
Um das von Beginn an richtig zu verstehen, betrachten wir zunächst das Federkleid des in Züchterkreisen als „normal-hellgrün“ bezeichneten Wildvogels, das zuletzt von TAYLOR und WARNER genau untersucht worden ist:
Wie alle Körperteile besteht jede Feder aus verschiedenen Zellen, diese Zellen wieder aus Zellrinde und Zellkern. In die Zellrinde ist gelbes Pigment eingebettet, im Zellkern befindet sich dunkler, in diesem Falle schwarzer Farbstoff (Melanin). Am Kopf (Gesichtsmaske) und in den kürzeren, seitlichen Schwanzfedern fehlt dieses Melanin teilweise, folglich erscheinen jene Gefiederpartien gelb. An anderen Stellen (wie Kehltupfen, Rücken und Flügel) dringt das Melanin vom Zellkern bis in die äußere Rinde, und dadurch entsteht die schwarze Färbung. Die Entstehung der grünen Grundfarbe der Unterseite und des Rumpfes ist verblüffend in ihrer einfachen Zusammensetzung: gewöhnliche Lichtbrechung mit Gelbfilter! Zwischen dem dunklen Zellkern und der gelben äußeren Schicht der Federzellen befindet sich ein farbloser Raum, an dem sich auftreffendes weißes Licht zum farbigen Spektrum bricht, etwa wie bei den Regenbogenfarben. Die Strahlen zum Teil des Spektrums in Richtung auf Rot werden vom dunklen Zellkern absorbiert, die blauen jedoch zu unserem Auge reflektiert, wobei sie zuvor den „Gelbfilter“ der äußeren Zellschicht passieren müssen. Blau und Gelb zu Grün zu mischen, haben wir schon als Schuljungen gelernt, und nichts anderes ist – banal ausgedrückt – die grüne Farbe unseres Wellensittichs. Der Fachmann nennt das „Blaustruktur“ und will damit sagen, daß Blau in der Vogelfeder keine eigentliche organische Farbe ist, sondern nur strukturell bedingt auf optischer Wirkung beruht. – Sie werden inzwischen unschwer erraten haben, daß blaue Wellensittiche als Verlust-Mutanten im Grunde noch einfacher entstehen: Bei ihnen ist der gelbe Farbstoff und somit auch der „Gelbfilter“ ausgefallen, während die Melaninverteilung in den einzelnen Gefiederpartien die gleiche geblieben ist. Folglich muß ihre Unterseite blau, ihre Gesichtsmaske aber weiß sein. Die schwarz-gelbe Wellenzeichnung bei grünen, die schwarz-weiße bei blauen Vögeln, von der die kleinen Sittiche ihren Namen haben, entsteht durch gleichmäßige, wechselweise Anordnung von Federn, deren Dunkelfarbstoff bis in ihre äußere Schicht reicht, und Federn ohne dunklen Farbstoff, während das gelbe Pigment bei grünen Vögeln vorhanden ist, bei blauen nicht. In den zwei langen, mittleren Schwanzfedern grüner wie blauer Wellensittiche ist so viel Melanin vorhanden, daß gelbes Pigment – obzwar bei grünen Vögeln vorhanden – sich nicht durchzusetzen vermag. Deshalb erscheinen sie bei blauen wie grünen Wellensittichen dunkelblau. Geringe Schwankungen im Ton dieses Blau erkennt man nur bei näherem Hinschauen.
Zum besseren Verständnis der folgenden Erklärungen zu weiteren Faktoren, die das Gefieder des Wellensittichs nach Farbe und Zeichnung mutationell beeinflussen, ist eine Beschreibung des naturgrünen Vogels in schematischer Form

notwendig: Gesichtsmaske vom Oberkopf bis zur Kehle reichend butterblumengelb, am Hals durch 6 schwarze Tupfen verziert, von denen die äußeren durch längliche, violette Wangenflecke zu beiden Seiten des Kopfes teilweise verdeckt werden; quer zum Körper verlaufende Wellenzeichnung vom Scheitel über Hals, Rücken und Flügeldecken reichend, schwarz auf gelbem Grund; Unterseite von der Gesichtsmaske abwärts über Brust und Rumpf leuchtend grasgrün, fahler in der Aftergegend; Schwingen stumpf schwarz mit grünen Säumen; Schwanzfedern stufenförmig angeordnet, die beiden längsten mittleren Federn dunkelblau, die äußeren stumpfschwarz und gelb gezeichnet. – Auf die hier verwendeten Bezeichnungen wird im weiteren Text in Kurzform wiederholt Bezug genommen.

Zwischen grünen und blauen Wellensittichen kennen wir noch eine eigenartige Mischform, die sogenannten blauen *„Gelbgesichter"*. Wie der Name schon sagt, ist Gelb bei ihnen auf die Maske beschränkt. Auch die seitlichen Schwanzfedern sind gelb anstatt weiß diagonal gebändert. Die Grundfarbe – also die Farbe der Unterseite und des Rumpfes – ist blau und die Wellenzeichnung schwarz-weiß. Es gibt noch weitere Mutanten von Gelbgesichtern, die im Phaenotyp – d. h. im äußeren Erscheinungsbild – durch vermehrtes gelbes Pigment teils einen zartgelben Schleier über das ganze Gefieder breiten, teils türkisfarbene oder türkis- und blaugefleckte Formen hervorbringen und schließlich zu Individuen führen können, die im Phaenotyp praktisch grün erscheinen, während sie genotypisch – d. h. ihrer Erbmasse nach – doch zur Blaureihe zählen. Ihre Vererbung ist dominant und wird als „Mutation II" heute zusammengefaßt. Nach AF ENEHJELM, PAPIN, TAYLOR und WARNER wissen wir jedoch, daß die rein blauen Gelbgesichter (Mutation I genannt) von einem Gelb reduzierenden, nicht zusätzlich färbenden Faktor bewirkt werden. Verpaart man nämlich zwei solche Gelbgesichter miteinander, verdoppelt den Faktor sozusagen, dann erhält man u. a. Wellensittiche, die wie gewöhnliche blaue mit weißem Gesicht aussehen, selber aber wieder nur Gelbgesichter hervorbringen – und zwar mit einem gewöhnlichen blauen Partner. Es sind genotypisch Gelbgesichter mit Doppelfaktor; dieser Umstand hat die Züchter übrigens längere Zeit sehr verwirrt, mehr noch seit die einzelnen Mutationen jahrelang gedankenlos untereinander gekreuzt worden sind, so daß heute in Mehrheit einfach dominant vererbende Mischformen vorhanden sind.

Zusammenfassend merken wir uns nochmals, daß sämtliche Wellensittichfarben vom Vorhandensein oder Ausbleiben des gelben Farbstoffes regiert werden.

Weitere Faktoren, die die domestizierten Wellensittiche von der Grundfarbe her beeinflussen, sind wiederum ausschließlich gefiederstrukturell bedingt und wirken phaenotypisch auf die meisten ein, genotypisch auf alle. Wir unterscheiden als Sammelbegriffe Hell, Mittel und Dunkel und merken uns dazu, daß Hell keinen Dunkelfaktor besitzt, Mittel einen und Dunkel zwei. Von dieser einfachsten, praktischen Vererbungsregel kann jeder Züchter verläßlich ausgehen. Beispiele

Bild 21. Rezessive Schecken Hellgrün und Olivgrün

dazu: Naturfarbe = Hellgrün (Gegenstück dazu in der Blaureihe: Hellblau) = kein Dunkelfaktor; Vererbung rein = Hellgrün mit Hellgrün gibt 100% hellgrüne Nachzucht. Dunkelgrün – Grundfarbe Lorbeergrün – individuell leicht schwankend im Ton, aber immer gut erkennbar – (Gegenstück Dunkelblau) = ein Dunkelfaktor, daher mischerbig = Dunkelgrün mit Dunkelgrün gibt 50% dunkelgrünen Nachwuchs (ein Dunkelfaktor), 25% hellgrüne (0 Dunkelfaktor) und 25% olivgrüne bzw. in der Blaureihe mauve (2 Dunkelfaktoren). Olivgrün – Grundfarbe nicht immer rein, oft dunkelgrün gefleckt – (Gegenstück Mauve, zu deutsch malvenfarbig, ein zartes Graublau vielfach mit dunkelblauer Fleckung durchsetzt) = zwei Dunkelfaktoren, daher wieder reinerbig = Oliv mit Oliv (oder Mauve mit Mauve) = 100% olivgrüne bzw. mauve Junge. Hellgrün mit Dunkelgrün demnach: 50% Hellgrün, 50% Dunkelgrün. – Hellgrün mit Olivgrün: 100% Dunkelgrün. – Dunkelgrün mit Olivgrün: 50% Dunkelgrün, 50% Olivgrün. – Die obengenannten Wellensittiche der Blaureihe vererben unter sich entsprechend.

Ein wenig komplizierter wird es bei Verpaarungen grüner und blauer Wellensittiche untereinander, die heute in fast allen Zuchten vorgenommen werden, weil beide Farben sich gegenseitig qualitativ fördern. Wir müssen uns dazu kurz mit den einfachsten Begriffen praktischer Vererbungsweise im Tierreich befassen. Gemeint ist die dominante (überdeckende, hervortretende) und die rezessive (ins Verborgene zurücktretende) Vererbung. Grün als Wildfarbe ist stets dominant über Blau, d. h. paart man einen reinerbigen grünen Wellensittich mit einem blauen, wobei das Geschlecht keine Rolle spielt, so erhält man zunächst nur grüne Junge. Sie sind aber nicht mehr reinerbig, sondern spalterbig in Blau, d. h., daß sie untereinander verpaart wieder in grüne und blaue Formen aufspalten. – Praktisch sieht das so aus (Schrägstrich deutet die Spalterbigkeit an):

Grün mit Blau = 100% Grün/blau. Grün/blau mit Grün/blau: 50% Grün/blau, 25% Grün, 25% Blau. Grün/blau mit Grün: 50% Grün (reinerbig), 50% Grün/blau = spalterbig. Grün/blau mit Blau: 50% Grün/blau, 50% Blau.
Freilich sind diese Prozentzahlen aus einer großen Menge Testpaarungen errechnet, so daß sie unmöglich in jeder Brut im gleichen Verhältnis zu erwarten sind. – Die verschiedenen Blaustrukturfaktoren (Hell, Mittel, Dunkel) verhalten sich dabei genauso, als wenn rein-grüne oder rein-blaue Wellensittiche verpaart werden.
Einige Beispiele: Hellgrün/blau mit Hellgrün/blau: 50% Hellgrün/blau, 25% Hellgrün und 25% Hellblau. – Olivgrün/blau mit Hellblau: 50% Dunkelgrün/blau, 50% Dunkelblau usw. Bei der Verwendung von Dunkelgrünen, unter denen es genetisch zwei verschiedene Typen gibt, folgt die Vererbung nach etwas abweichenden Regeln. Sie wird in speziellen Büchern ausführlich erklärt, die Sie im Literaturverzeichnis finden (siehe z. B. RADTKE, 1979).
Zu den Strukturfaktoren, die das Gefieder des Wellensittichs farblich, teils durch unterschiedliche Anordnung der Melanine, teils durch andersartige Form der Hohlräume in den Federzellen beeinflussen, gehören diejenigen für Violett und Grau. Beide vererben dominant und bringen sehr aparte Farben hervor. Der Violettfaktor kann züchterisch mit sämtlichen anderen gekoppelt werden. Wirklich violett erscheinen aber nur die Vögel der Blaureihe mit einem Dunkelfaktor. Mit anderen Worten Dunkelblau und Violett = Violett im Phaenotyp; dabei hängt Farbtiefe und Leuchtkraft individuell sowohl von der qualitativen Erbmasse der Ausgangsvögel als auch von der Faktorenkoppelung ab. Violette Wellensittiche mit doppeltem V-Faktor kann man wirklich lila nennen. Sie sind aber selten, da schwierig zu züchten, außerdem nach Form und Größe meist unansehnlich. Man bekommt sie nur in wenigen Exemplaren aus Violett mit Violett-Verpaarungen. Theoretisch sollten es 12,5% aus solchen Paaren sein, praktisch sind es in der Regel viel weniger. Man vermutet, daß ein Letalfaktor im Spiel ist, d. h. daß ein Teil der Violetten mit zwei Faktoren bereits im Embryonalstadium abstirbt. Violette Vögel mit einem V-Faktor schwanken in der Grundfarbe von ultramarin-blau bis violett-blau, und die besten sind ein Resultat der Selektionszucht. Hellblau und V-Faktor bringt dunkelblaue, die kaum von normal dunkelblauen zu unterscheiden sind, Mauve und V-Faktor dunkel-graublaue mit eingesprengten violetten Federn. Diese Vögel werden als violett-hellblaue und violett-mauve bezeichnet. In der Vererbung folgen sie im allgemeinen wieder den gewöhnlichen Farben der Blaureihe. Da die meisten Violetten nur einen V-Faktor haben, wird er bei Paarungen mit einem Partner ohne V-Faktor, die heute allgemein üblich sind, nur auf 50% der Nachzucht übertragen.
Wieder einige Beispiele: Violett-Hellblau mit Hellblau: 50% Hellblau, 50% Violett-Hellblau. Violett (Dunkelblau und 1 V-Faktor) mit Hellblau: 25% Violett, 25% Dunkelblau, 25% Violett-Hellblau, 25% Hellblau. Violett-Mauve mit Dunkelblau: 15% Violett, 25% Dunkelblau, 25% Violett-Mauve, 25% Mauve. Violett-

Bild 22. Rezessiver Schecke Dunkelgrün

Mauve mit Hellblau: 50% Violett, 50% Dunkelblau. Aus dem letzten Beispiel ist ersichtlich, wie günstig die Verwendung von mauven Wellensittichen für die Zucht von violetten ist.

In der Grünreihe verhält sich der V-Faktor genetisch ebenso. Deshalb sind auch genotypisch Violett-Grüne möglich und werden sogar viel gezüchtet, weil sie hübsch aussehen und für eine vermehrte Farbintensität in der Zucht Blau-Violetter sehr wertvoll sind. Paart man z. B. einen Violetten mit einem Hellgrün/blauen, so bekommt man nach den vorangegangenen Beispielen u. a. bis 25% Violett-Hellgrüne, die farblich sehr den Dunkelgrünen gleichen, doch ist ihre Grundfarbe leuchtender. Violett-Dunkelgrüne zeigen einen aparten stumpfdüstergrünen Ton, Violett-Olive sind noch dunkler als gewöhnliche und zeigen sogar mitunter einige violettmauve Federn am Rumpf.

Bild 23. Rezessiver Schecke Gelbgesicht-Dunkelblau

Alle Kreuzungen von Violett-Grünen mit Blauen folgen genetisch den bekannten Regeln zwischen Grün und Blau. Der V-Faktor verhält sich dabei dominant zu beiden. Wirklich violett können aber bestenfalls 12,5% aus Paarungen mit Grün sein.

Graue oder grau getönte Wellensittiche kennen wir in drei verschiedenen Formen – nämlich einer australischen und einer englischen Ursprungs, dazu den fast ausschließlich in England gezüchteten und heute nahezu ausgestorbenen Schieferfarbenen. Praktische Bedeutung haben lediglich die dominant vererbenden Australisch-Grauen erlangt. Sie gehören zur Blaureihe. Ihr Graufaktor ist jedoch eigenartigerweise dominant sogar über die grüne Wildfarbe und bringt mit ihr kombiniert Graugrüne hervor, deren Farbton an Olivgrüne erinnert, aber einerseits stumpfer, andererseits reiner ist. Beide Formen haben graue Wangenflecke und tiefschwarze Schwanzfedern. Daran sind sie schon im Nestgefieder von Mauven und Olivgrünen zu unterscheiden. Andersartige Melaninlagerung und gröbere Federn bringen den stumpfen, aber stets reinen Grundfarbton hervor, der so ausgeprägt ist, daß er einen Einfluß der drei Faktoren Hell, Mittel, Dunkel phaenotypisch kaum erkennen läßt. Erst durch Kreuzungen der grauen Wellensittiche mit Tieren ohne Graufaktor wird ihr genotypisches Vorhandensein sichtbar. Z. B. gibt Hellgrau mit Hellblau neben grauen nur hellblaue Junge (Verhältnis etwa 50 : 50) usw.

Noch einige Beispiele: Dunkelgrau mit Mauve: 50% Dunkelgrau, 50% Mauve.

Bild 24. Rezessiver Schecke Gelbgesicht-Violett mit zu dunkler Zeichnung

Hellgrau mit Dunkelblau: 25% Hellgrau, 25% Hellblau, 25% Mittelgrau, 25% Dunkelblau. Dunkel-Graugrün/blau mit Dunkelblau: Dunkelgrau, Mittelgrau, Dunkelgraugrün, Mittelgraugrün, Oliv, Dunkelgrün, Mauve und Dunkelblau bei vielen Jungen, usw.

In doppelter Dosis bringt der Graufaktor mit einem beliebigen nicht-grauen Partner nur graue bzw. graugrüne Nachzucht, die ihrerseits aber wiederum nur einen Graufaktor besitzt oder spalterbig in grün oder blau ist. Grüne und Blaue, die aus einem grauen Elternteil hervorgegangen sind, unterscheiden sich in ihrer Grundfarbe nicht von anderen. Deshalb können sie bedenkenlos zur rassischen Aufbesserung leuchtender Farben, einschließlich Violett, verwendet werden. Da graue und graugrüne Wellensittiche im allgemeinen sehr kräftig, widerstandsfähig und fruchtbar sind, werden sie vielfach dafür benutzt. Es lohnt sich aber auch, diese dezenten Farben um ihrer selbst willen zu züchten. – Damit wären alle Mutanten besprochen, deren abändernde Faktoren im wesentlichen auf die Grundfarben der Wellensittiche Einfluß nehmen. Jetzt kommen wir zu den Mutationen, die durch Veränderungen der Melanine (Dunkelfarbstoffe) nach Intensität und/oder Verteilung entstanden sind. Die Skala reicht hier von der Verdünnung über farbliche Abänderung bis zum völligen Verschwinden der Melanine. Einige dieser Formen zeigen auch Verdünnungen bis Aufhellungen in der Grundfarbe, die von den gleichen Faktoren in dieser Richtung beeinflußt werden. Es kehren jedoch sämtliche genannten Grundfarben bei ihnen wieder und folgen unter sich auch denselben Vererbungsgesetzen. Graufügel haben – wie der Name sagt – graue statt schwarze Flügel- und Wellenzeichnung, im Ton etwa in der Mitte zwischen Schwarz und Weiß. Individuelle Schwankungen in beiden Richtungen dieser Skala kommen vor. Ebenso ist ihre Grundfarbe etwa um die Hälfte zwischen farblos und vollfarbig reduziert, so daß man von Pastellfarben sprechen kann. Z. B. wird Grün zu Apfelgrün, Blau zu Pastellblau usw. Dennoch bleiben die Faktoren Hell, Mittel, Dunkel auch bei ihnen gut erkennbar. Graufügel verhalten sich in der Vererbung rezessiv zu Normalfarben. Sie waren früher sehr beliebt, werden aber heute durch später entstandene, noch ansprechendere Formen weniger gezüchtet.

Eine weitere Aufhellung von Zeichnung und Farbe führt zu den Gelben mit grünem und Weißen mit blauem Anflug, deren Zeichnung nur noch blaßgrau ist. Sie wird in Züchterkreisen deshalb „Geisterzeichnung" genannt, während ihre Grundfarben als Gelb und Weiß mit einem grünen bzw. blauen Überhauch zu beschreiben sind. Dennoch kann man mit etwas Übung auch bei ihnen die drei Tönungen erkennen und nach den üblichen Regeln züchten. Zu Normalfarben wie auch zu Hellflügeln vererben sie rezessiv, zu Graufügeln intermediär. Vor dem Auftauchen der „Inos" wurden sie als die Vögel angesehen, die durch Selektion zu rein Gelben und Weißen führen sollten; heute werden sie um ihrer selbst willen gezüchtet und sind außerdem als Partner für Hellflügel und Inos sehr nützlich, weil sie trotz ihrer Pastelltönung meist große, kräftige Vögel sind.

Hellflügel, verhältnismäßig spät mutationell entstanden, gehören zu den beliebtesten Farbschlägen für Spezialisten. Wir unterscheiden zwischen grünen Gelbflügeln und blauen Weißflügeln. In ihren besten selektiv entstandenen Exemplaren sind die grünen und blauen Grundfarben in normaler Stärke erhalten geblieben, während der Verdünnungsfaktor auf Farbe und Zeichnung der Oberseite und der Flügel beschränkt bleibt. Dort zeigen die schönsten Hellflügel eine blasse Geisterzeichnung auf gelbem, bzw. weißem Grund. Dazwischen gibt es alle Übergänge, einmal in Richtung auf Grauflügel, zum anderen auf Pastellfarbene mit wenig Kontrast zwischen Grundfarbe und Zeichnung. Außerdem neigen die Hellflügel in der Gestalt und Größe stark zum kleinen, unansehnlichen Wildvogel hin; und diese Umstände machen ihre Zucht so schwierig. Hellflügel vererben rezessiv zu Normalfarben, aber dominant zu den pastellfarbenen mit Geisterzeichnung, die deshalb auch am meisten zu ihrer qualitativen Aufbesserung mit verwendet werden. Paart man sie an Grauflügel, so erhält man eine Mischform: – sogenannte Grauflügel mit voller Körperfarbe, die heute als Schauvögel nicht mehr anerkannt sind. Die schönsten Hellflügel sind violette Weißflügel, das Ziel manches Spezialzüchters, das durch Einkreuzen guter Violetter in zweiter Generation zu erzielen ist; aber auch die anderen Dunkelfarben sind von großem Liebreiz durch den Farbkontrast.

Bei der nächstfolgenden Gruppe von Farben-Wellensittichen wird das Melanin von Schwarz in Braun nach unterschiedlicher Tönung von blaßbraun über zimtfarben bis dunkelbraun abgewandelt. Das Interessante dabei ist, daß die vier braunen Formen, die bisher bekannt wurden, außer der mehr oder weniger braunen Farbe ihrer Zeichnung nicht viel gemeinsam haben und sich auch in ihrer Vererbungsweise recht unterschiedlich verhalten. –

Die größte Popularität haben die Zimtflügel, kurz Zimter genannt, in den letzten Jahren erhalten. Ihre Kehltupfen und Wellenzeichnung sind zimtbraun statt schwarz, bei ausgefärbten Männchen oft dunkler als bei Weibchen. Ihre langen blauen Schwanzfedern haben einen braunen Schaft und eine ansprechende braune Tönung im Blau. Auch Zimter können in allen Grundfarben gezüchtet werden; nur sind sie im Durchschnitt etwas blasser. Das Zuchtziel: Volle Körperfarbe ist in vielen Stämmen der großen Anhängerschaft der Zimter schon erreicht. Zimter besitzen ein dichtes Gefieder, sind dabei fruchtbare und robuste Wellensittiche, so daß sie vielfach auch zur Förderung anderer Farbschläge benutzt werden. Farblich besonders reizvoll sind Violette in Zimt und in den schönsten Exemplaren rosa-violett in der Grundfarbe. An ihnen erkennt man deutlich, daß der Braunfaktor irgendwie das gesamte Gefieder beeinflußt.

Die Vererbung der Zimter ist geschlechtsgebunden – ein Begriff, der erstmals auftaucht und einer kurzen Erläuterung bedarf, im Rahmen des begrenzten Umfanges dieses allgemeinen Buches am besten an Hand von praktischen Beispielen. Als Grundregel merken wir uns, daß geschlechtsgebundene Eigenschaften direkt nur vom Männchen auf die Töchter vererbt werden können, und

Bild 25 – 28. Oben links: Rein aufgehellter Ino; rechts: Grauflügel; unten links: Normalgezeichneter Wellensittich; rechts: Opalin-Hellflügel von vorn

Weibchen in einer solchen Eigenschaft nicht spalterbig sein können, ihre Söhne aber sämtlich spalterbig sind. So kann man hier auch von einer teil-dominanten Vererbungsweise sprechen, die durch die unterschiedlichen Geschlechtschromosomen in beiden Geschlechtern bedingt ist.

Einige praktische Beispiele (1,0 = Männchen, 0,1 = Weibchen): 1,0 Zimt mit 0,1 Zimt: 100% Zimter beiderlei Geschlechts. 1,0 Zimt mit 0,1 Normal (hier im Sinne von schwarzer Zeichnung verstanden): Normal-Männchen/zimt, Zimt-Weibchen. 1,0 Normal/zimt mit 0,1 Zimt: 50% Zimter in beiden Geschlechtern, 50% Normale dito, die Männchen davon spalterbig in zimt. 1,0 Normal/zimt mit 0,1 Normal: 25% Zimt-Weibchen, 25% Normal-Weibchen, 25% Normal-Männchen und 25% Normal-Männchen/zimt (siehe auch Kombinationsfarben, Rainbows usw.).

Die zuletzt genannten spalterbigen Männchen sind nicht von den reinerbigen äußerlich zu unterscheiden. Nur Test-Paarungen können das klären, weshalb diese Zusammenstellung weniger empfehlenswert ist. – Bis zum Öffnen der Augen etwa am sechsten Lebenstag schimmern die Augen bei jungen Zimtern rötlich durch die Haut, später erscheinen sie bräunlich, sind aber bereits beim Ausfliegen normal schwarz.

Die sogenannten „Braunflügel“, die nur in der Opalinform auftreten, sind genotypisch nichts anderes als Opalin-Hellflügel; bei dieser Kombination nimmt die Zeichnung einen graubräunlichen Ton an. Ihre Grundfarbe kann dennoch sehr leuchtend sein.

In wenigen Fällen hat man auch schon von Wellensittichen mit brauner Körperfarbe gehört; bisher liegen jedoch weder genaue Beschreibungen noch Fotos vor.

Zu einer älteren Gruppe, die es sogar in mehreren Lokalrassen gibt, gehören die Falben mit tiefbrauner Zeichnung, aber so stark aufgehellten Grundfarben, daß alle Vertreter der

Bild 29. Normal-Zimt-Mauve (Kopf und Hals zu schmal, Kehltupfen fehlerhaft)

Bild 30. Lutino

Grünreihe oberflächlich betrachtet gelb, der Blaureihe weiß erscheinen. Aus der Nähe betrachtet, zeigen sich je nach Einwirkung verschiedener Faktoren unterschiedliche Tönungen, die im Rumpfgefieder am deutlichsten erkennbar sind. Die Vererbung der Falben ist rezessiv, und sie können theoretisch in allen bekannten Farben gezüchtet werden. Ihre Augen erscheinen durch Pigmentmangel unterschiedlichen Grades rot bis pflaumenfarbig, die Nasenhaut der Männchen rosa bis violett statt blau. Figürlich sind die meisten leider wenig ansprechend; sie werden aber heute von Spezialzüchtern als verbesserte Schauvögel systematisch aufgebaut.

Für die sogenannten aus England stammenden „Lacewings" wurde bisher kein deutscher Name gefunden. Es sind gelbe und weiße Wellensittiche mit schwachhellbrauner, durchbrochener Zeichnung auf Rücken und Flügeln, die an ein Spitzenmuster erinnert (Lace = Spitze). „Lacewings" sind aus den ganz aufgehellten Inos – darüber werden wir noch sprechen – herausgespalten, haben ebensolche roten Augen, die Männchen eine blaß-rosa Nasenhaut, und ihre Vererbung ist geschlechtsgebunden. Neueste Testpaarungen weisen darauf hin, daß es sich um eine Kombination von Inos und Zimtern handelt, bei der eigenartigerweise die Zimtzeichnung wieder zutage tritt, wenn auch in verdünnter Form.

Unter der Kurzbezeichnung „Inos" sind die rotäugigen, rein-gelben Lutinos und völlig weißen Albinos bekannt. Dabei sind die Lutinos wiederum in der Grünreihe, die Albinos in der Blaureihe vertreten. Genetisch sind beide Formen Albinos, bei denen das Pigment völlig ausgefallen ist. Den Lutinos ist lediglich das Gelb erhalten geblieben, wozu es eine Reihe von Parallelen in der Vogelwelt gibt. Die schönsten Exemplare sind tief dottergelb, Wangenflecke, Schwingen und Schwanz sind weiß, dazu haben sie rote Augen mit weißlichem Irisring. Aber sie sind oft nicht groß genug. Daneben gibt es gröber befiederte blaßgelbe Lutinos, die im allgemeinen kräftiger sind. Der Züchter tut gut daran, beide Formen

Bild 31 – 34. Oben links: Rundhaube; rechts: Opalin-Hellflügel; unten links: Opa in-Bandschecke; rechts: Lacewing

nach Möglichkeit miteinander zu verpaaren. Er erhält dann 100% Lutinonachzucht beider Typen. Bei manchen Lutinos – besonders bei Männchen – ist eine ganz blasse Wellenzeichnung andeutungsweise erkennbar. Andere wieder haben einen leichten grünen Schimmer auf dem Rumpf. Beides sieht der Züchter nicht gern und paart deshalb vorzugsweise Lutino mit Lutino; dadurch wird die Farbe reiner. Nach mehreren Generationsfolgen dieser Züchtungsweise machen sich aber leider Mängel an Fruchtbarkeit und Verzwergung bemerkbar. Abhilfe schafft Verwendung normal-grüner, besser noch normal-gelber Vögel – und zwar vorzugsweise von Weibchen, denn alle rotäugigen Wellensittiche, außer Falben, vererben geschlechtsgebunden. So bringt ein Lutino-Männchen verpaart mit einem grünen Weibchen gleich Lutino-Weibchen, ein Lutino-Weibchen mit einem grünen Männchen aber nur spalterbige Männchen und reinerbig grüne Weibchen.

Bild 35. Albino (Jungvogel, noch ohne Irisring)

Während gute Lutinos heute wieder zahlreich sind, gibt es weniger gute Albinos (rein weiß mit roten Augen), obwohl auch sie von eigenartiger Schönheit sind. Allerdings treten die unter Lutinos genannten Schwächen bei ihnen noch deutlicher zutage, und statt einem grünen haben sie nicht selten einen blauen Schimmer am Rumpf, der nicht gern gesehen wird. Verwendet man in der Albinozucht jedoch graue Wellensittiche nach der gleichen Methode wie bei Lutinos grüne und gelbe, so verschwindet der blaue Schimmer, und die Albinos werden zugleich auch größer und robuster.

Alle Ino-Hähnchen haben eine rosa-violette Nasenhaut, die Weibchen dagegen eine normal-bräunliche. Beine und Füße sind in beiden Geschlechtern fleischfarben, bei dunklen Wellensittichen – gleich welcher Farbe – bläulich. Ihre Augen erscheinen rot, weil Pigmentablagerung auch dort fehlt und die roten Blutgefäße durchschimmern. Deshalb sind sie lichtempfindlich und bei plötzlicher Anstrahlung leicht und anhaltend geblendet. Sie neigen noch mehr als andere Wellensittiche zu nächtlichem Toben und meiden grelle Sonne. Dem sollte der Züchter Rechnung tragen und außerdem bedenken, daß sich diese empfindlichen Farbenvögel nicht für die Freivolierenhaltung in Industriegebieten eignen. Vor allem Ruß läßt sich schwer aus ihrem Gefieder entfernen, zumal sie nur im Regen baden, der leider dort auch nicht mehr sauber vom Himmel fällt.

Bild 36. Australischer Schecke Opalin-Hellblau

Von sämtlichen Haustieren sind gescheckte Formen bekannt, und der domestizierte Wellensittich bildet keine Ausnahme; ja, er hat im Laufe von 120 Jahren sogar drei verschiedene Schekken-Rassen entwickelt – ein interessantes Gebiet, für den Anfänger allerdings leicht verwirrend.

Zwei davon wurden in Europa gezüchtet, eine weitere etwa parallel dazu in Australien, die sehr viel später nach Europa gelangte. Schecken entstehen durch teilweisen Melanin-Ausfall im gesamten Gefieder. Dabei können die davon befallenen Stellen von Vogel zu Vogel verschieden sein, und die einzelnen Rassen lassen sich – abgesehen von teilweise andersartiger Vererbungsweise – nur nach gewissen Grundschemata in der Anordnung der Zeichnung unterscheiden.

Am besten erkennbar und nach bestimmten Merkmalen in sich gefestigt sind die rezessiv vererbenden, nach ihrem Herkunftsland benannten „Dänischen Schek-

Bild 37 – 41. Oben links: Dänischer Schecke („Harlekin"); rechts: Holländischer dominanter Schecke; unten von links nach rechts: Bandschecke, Opalin, Hellschwinge

Bild 42. Holländischer Dominanter Schecke Gelbgesicht-Grau

zucht hat. Auf diese Weise sind als Selektionsform der Nackenfleck-Schecken die „Hellschwingen“ entstanden, die möglichst ausschließlich helle Schwingen und Schwanzfedern, sonst aber außer Nackenfleck und heller Kehle keine gelben oder weißen Federn haben sollen. Früher betrieben viele Züchter diese Spezialzucht mit großem Ehrgeiz; das hat heute leider nachgelassen. Dabei ist eine rein gezeichnete „Hellschwinge“ schon eine Augenweide. Freilich läßt sich diese Form nicht rein weiterzüchten. Selbst wenn man ein Pärchen bester Hellschwingen zur Brut einsetzt, erhält man nicht unbedingt solche Jungvögel.

Gleichfalls dominant vererben die „Australischen Schecken“, die im übrigen manche positiven Eigenschaften der „Dänen“ und der „Holländer“ phaenotypisch in sich vereinen, während sie genotypisch wenig

Bild 43. Australischer Bandschecke Normal-Hellgrün

mit ihnen zu tun haben. Die „Australier“ zählen deshalb zu den begehrtesten Wellensittich-Farbschlägen unter den Gescheckten. Stets haben sie klar abgegrenzte Farben und überwiegend eine sehr ansprechende Zeichnung. Gemeinsam mit den „Holländern“ ist ihnen in der Regel der helle Nackenfleck, wohingegen die Maske an der Kehle normal ausläuft. Dafür haben sie fast immer rein helle Schwingen und mindestens eine helle Schwanzfeder und Aufhellungen vom Flügelbug abwärts in verschiedener Breite. Diese Aufhellungen reichen individuell unterschiedlich von einem schmalen, hellen Saum bis zu ganz oder fast ganz aufgehellten Flügeldecken, so daß die schönsten rein gelbe oder weiße Flügel haben. – Die Verteilung der Körperfarben reicht von ganz dunkler bis zu fast aufgehellter Unterseite mit allen Übergängen. Manche haben eine nur wenige Zentimeter breite farbige Binde – grün oder blau usw. – quer über der Brust, andere ein mehr oder weniger gleichmäßig verlaufendes helles Band auf dunklem Grund etwa um die Körpermitte. Letztere sind als „Bandschecken“ das am meisten angestrebte Zuchtziel. Dabei hat der Züchter allerdings wegen der schwer erblich fixierbaren Zeichnung in etwa die gleichen Schwierigkeiten wie bei den schon erwähnten Hellschwingen. Auch auf der Oberseite ist die Anordnung von Hell und Dunkel unterschiedlich. Symmetrie wird hier angestrebt, ist auch bis zu einem gewissen Grad zu erreichen; aber es gibt immer wieder auch geradezu lustig asymmetrisch gezeichnete Vögel, z. B. solche mit einem ganz hellen und einem ganz dunklen Flügel, einem weißen und einem violetten Wangen-

Bild 44. Zimt-Opalin-Graugrün

fleck, auf einer Seite gleichmäßigen Kehltupfen, auf der anderen eine helle Wangenbinde ohne Kehltupfen, ganz oder teilweise fehlenden Kehltupfen und mit einer hellen Brustzeichnung, die vom Balken- bis zum Hakenkreuz reicht. Paart man zwei noch so gute Bandschecken zusammen bzw. diese Schecken überhaupt miteinander, so fällt die Nachzucht zu hell aus. Deshalb stellt der Züchter meist einen nicht gescheckten Partner an einen Schecken. Das Geschlecht spielt dabei keine Rolle. Wegen der dominanten Vererbung sind bis zu 50% Schecken zu erwarten, von denen aber kaum einer dem anderen gleicht. Auf seine Art ist jeder buntgescheckte Wellensittich ansprechend, so daß auch die asymmetrischen ihre Liebhaber haben. Ob sich mit der Zeit besonders erwünschte Zeichnungsmerkmale konstanter herauszüchten lassen – wie etwa bei manchen alten Taubenrassen –, wird die Zukunft lehren. Die Haustierrassen des Wellensittichs sind daran gemessen eben noch sehr jung.
Schließlich haben „Opaline-Wellensittiche“ einen besonders großen Einfluß praktisch auf alle übrigen Farben genommen. Ihre Liebhaberbezeichnung wurde von dem Halbedelstein Opal entlehnt, der bläulich-grün schimmert. Ähnlich schimmern auch die Flügeldecken der markantesten Vertreter dieser Zuchtrasse. Das hängt wiederum mit einer andersartigen Blaustruktur der Federn zusammen. Wesentlicher für die Eigenschaft der Opalinen ist jedoch eine mutationell von der Wildvogel-Wellenzeichnung abweichende Verteilung der Melanine (Dunkelfarbstoffe) – und zwar unabhängig davon, ob sie schwarz, verdünnt oder braun sind. So kann es Opaline in allen oben besprochenen Farbgruppen und dementsprechend auch Farben geben. Abbildung 37 – 41 gibt diese unterschiedliche Verteilung wieder. Rein farblich merken wir uns in erster Linie, daß die Grundfarbe (Körperfarbe) im gesamten Gefieder ausgedehnter vorhanden ist als bei normal gezeichneten Wellensittichen. Ein grüner Opalin z. B. hat einen gelbgrünen Hinterkopf und einen grünen Rücken mit oder ohne einzelne schwarze, braune usw. Flecken. Außerdem sind die Flügel eher tupfenförmig als wellenartig dunkel gezeichnet, während jede dunkle Flügeldecke einen breiten grünen Saum statt einem engen gelben Rand wie bei normaler Wellenzeichnung hat. Das gibt einen aparten Effekt, der grünen wie blauen „Opalin-Wellensittichen“ viele Liebhaber gewonnen hat. Die Grundfarben übertreffen bei manchen Vögeln sogar die Normalfarben an Tiefe und Leuchtkraft. Aber es gibt auch verwaschene Exemplare, und es bereitet den Züchtern gleichzeitig Schwierigkeiten, eine möglichst reine Rückenfarbe – d. h. frei von schwarzen Flecken – zu erzielen oder die mitunter unschönen fahlen Schwanzfedern fortzubringen. Andererseits sind Opaline robuste, fruchtbare Vögel. Ihre Vererbungsweise ist geschlechtsgebunden, damit teildominant, so daß genügend Material für die Selektionszucht verfügbar ist. Opaline werden auch gern zur Auffrischung degenerierter Normalstämme benutzt oder zur Herauszüchtung besonderer Merkmale, wie z. B. großer runder Kehltupfen, für die sie prädestiniert sind.
Man unterscheidet drei verschiedene Opalinfaktoren, deren geringfügig unter-

schiedliche Einflüsse aber hier zu weit führen. Will man leuchtende, reine Farben, vor allem einen reinen Rücken erzielen, so empfiehlt sich Verpaarung der in diesen Eigenschaften am besten anzuschauenden Tiere untereinander, während man fleckige oder verwaschene Vögel am besten nur mit normal gezeichneten zusammenbringt. Der Nachwuchs zeigt zwar vermehrt schwarze Flecke auf dem Rücken, aber intensivere Grundfarben. Unreine Stirnen und zu kleine Masken sind weitere negative Eigenschaften der Opalinen, auf die man achten sollte, weil sie sich leicht vererben und solche Vögel niemandem gefallen.
Aufsehen erregen gelegentlich sogenannte „Halbseiter". Das sind Wellensittiche mit z. B. einer grünen und einer blauen Körperhälfte, oft symmetrisch, mitunter auch asymmetrisch verlaufend. Lange Jahre haben sich Züchter bemüht, solche Vögel weiterzuzüchten, aber stets ohne Erfolg, weil es sich um keine eigentliche Mutation, sondern um Degenerationsvorgänge bei der Zellteilung in einem bestimmten embryonalen Entwicklungsstadium nach TAYLOR und WARNER handelt. Deshalb kann nur die „Neigung" dazu vererbt werden – wenn überhaupt –, da Halbseiter aus naheliegenden Gründen oft schwächlich und wenig fruchtbar sind.

Farben lassen sich auch kombinieren

Praktisch können alle hier genannten Wellensittich-Farbschläge zwei- oder auch mehrfach miteinander kombiniert werden. Dadurch läßt sich eine Menge weiterer Farben und Formen erzielen, die alle aufzuführen und ihre Zucht zu schildern den Rahmen dieses Buches sprengen würde. Manche Kombinationen sind auch wenig sinnvoll, weil sie – vom reinen Experiment abgesehen – farblich kaum Verbesserungen und damit wenig attraktive Sittiche hervorbringen. Wer sich über den gesamten Komplex der Wellensittich-Farben und -Formenzucht genauer informieren möchte, sei auf BROOKS und ELLIOTT, AF ENEHJELM, TAYLOR und WARNER und RADTKE verwiesen, die in jüngerer Zeit speziellere Bücher und Zusammenstellungen zum Thema veröffentlicht haben. In diesem Band seien nur die schönsten und damit wichtigsten Kombinationen genannt.
Mit Hilfe der Gelbgesicht-Faktoren, die dominant vererben, kann man in einer Generation zitronengelbe Inos (Gelbgesicht und Albino) und dreifarbige Schekken (gelb-weiß-blau) züchten, wenn man dominant vererbende Schecken („Holländer" oder „Australier") dazu nimmt. Für rezessive Schecken braucht man eine Generation mehr. Werden Gelbgesicht-Faktor und Opalin zu Weißflügel-Dunkelblau, besser noch -Violett kombiniert, ist das Ergebnis nach einigen gezielten Generationen ein in fast allen Regenbogenfarben schillernder Wellensittich, für den sich die englische Kurzbezeichnung „Rainbow" = Regenbogen eingebürgert hat. Wegen der Häufung der kombinierten Faktoren lassen sich diese Vögel leider nicht rein weiterzüchten, sondern spalten teilweise wieder in die Aus-

Bild 45. Rezessiver Schecke Hellgrün mit wenig Zeichnung (zu hell)

Bild 46. Falb-Opalin-Graugrün (guter Typ, aber multiple Kehltupfen)

gangsformen auf. Deshalb sieht man sie nicht so häufig. Ähnliche Effekte zarter Pastellfarben-Mischungen können mit Hilfe des Zimtfaktors erzielt werden.

Aus der Kombination von Hellflügeln und Opalinen lassen sich in wenigen Generationen fast einfarbig zartgrüne und zartblaue Wellensittiche – die sogenannten „Selfs" der Engländer – züchten und auch rein weiter vermehren, sofern am Anfang der unterschiedlichen Vererbungsweise der Ausgangsformen in gezielter Weise Rechnung getragen wird. Man würde sie häufiger sehen, wenn mehr Liebhaber sich mit der Wellensittichzucht auch theoretisch befassen würden.

Großer Beliebtheit erfreuen sich seit Jahren „Zimt-Opaline" in allen bekannten Grundfarben, die verhältnismäßig leicht zu züchten sind, weil beide Ausgangsformen geschlechtsgebunden vererben. So zeugt ein Opalin-Männchen mit einem Zimt-Weibchen bereits Männchen, die in beiden Eigenschaften spalterbig sind. Nochmals an ein Zimt-Weibchen gestellt, bringen diese Männchen Zimt-Opalin-Weibchen und Zimt-Männchen/opalin, die dann miteinander Zimt-Opaline in beiden Geschlechtern züchten. Nicht zu empfehlen sind Kombinationen von Schecken mit Melanin-verdünnten oder veränderten Farbschlägen, die über Zimt und Opalin hinausgehen, wie z. B. mit Grau- und Hellflügeln, Gelbgrünen, Falben usw., während Zimt- und Opalin-Schecken noch besonders schön sein können und beliebt sind. – Wählt man dominant vererbende Schekken, also „Australier“ oder „Kontinentale“, als Ausgangsformen für Scheckung und dazu gute Opaline, Zimter und Zimt-Opaline, so ist ihre Erzüchtung nach den üblichen Regeln in ein bis zwei Generationen kein Problem. Rezessiv vererbende „Dänische Schecken“ eignen sich dagegen kaum zum Kombinieren, denn erstens dauert es bei ihnen länger, zweitens ist das Endprodukt wenig ansprechend, ja mitunter kaum phaenotypisch als das zu erkennen, was es genotypisch ist.

Das gilt in gleicher Weise für die Kombination verschiedener Scheckenrassen untereinander, jedoch mit einer interessanten Ausnahme, die – zunächst wohl zufällig entstanden – manche Züchter anfänglich in Verwirrung versetzt hat: Aus „Kontinentalen“ mit „Dänischen Schecken“ können unter bestimmten Voraussetzungen rein-gelbe und rein-weiße Wellensittiche mit schwarzen Augen ohne hellen Irisring fallen, deren Männchen eine rosa-violette statt blaue Nasenhaut zeigen, und die in beiden Geschlechtern hell-fleischfarbene Beine haben. Sie gleichen also teils den „Dänischen Schecken“, teils den Inos, sind aber genotypisch kombinierte „Dänisch-Kontinentale“ Schecken, bei denen die Melanine mit Ausnahme der Augen durch diese spezielle Faktorenkoppelung ganz verschwinden. AF ENEHJELM hat das experimentell nachgewiesen und dabei festgehalten, wie diese hübschen Vögel zu züchten sind: „Kontinentale“ mit „Dänen“ gibt unabhängig vom Geschlecht u. a. „Kontinentale“ spalterbig in dänisch gescheckt, und solche untereinander verpaart bringen in der nächsten Generation etwa 25% gelbe bzw. weiße Schwarzaugen (Gelb = Grün-, Weiß = Blaureihe). Diese Schwarzaugen vererben zunächst weder unter sich noch zu den beiden Ausgangsformen gestellt rein weiter, d. h. es fallen auch aus ihnen Schecken beider Formen, Schwarzaugen und unter Umständen sogar nicht gescheckte Wellensittiche. Aber Verpaarungen Schwarzaugen mit Schwarzaugen ergeben schon einige Schwarzaugen, die reinerbig sind, weil die maßgeblichen Faktoren verdoppelt wurden. Man kann sie zwar nur durch Testpaarungen erkennen, wenn man sie hat und kennt, aber schließlich 100% rein weiterzüchten und so einen Stamm rein gelbe und weiße Wellensittiche aufbauen, die keine Albinos sind.

Merken wir uns zum Abschluß dieses Kapitels, daß sich Albinos und Lutinos mit allen anderen Farben insofern „kombinieren“ lassen, als sie genotypisch jede andere Farbe sozusagen „verdecken“ können, je nachdem, woraus sie gezüchtet wurden. Im Phaenotyp werden diese Farben wohl durch die albinotische Eigenschaft verdeckt, treten aber bei Paarungen mit dunklen Vögeln sofort entsprechend zutage. In manchen Fällen kann man die verdeckte Grundfarbe aber auch im Phaenotyp erkennen. So sehen Graugrün verdeckende Lutinos mehr senfgelb aus, und zimtviolett verdeckende Albinos können mitunter einen regelrechten rosa Überhauch zeigen. Das hat der vergeblichen Hoffnung auf rote

Wellensittiche neue Nahrung gegeben. Sie sind aber nicht möglich, weil Rot nicht im Wellensittichgefieder enthalten ist. Es kann auch nicht durch Artenkreuzungen mit den nicht viel größeren, rothaltigen Grassittichen *(Neophema)* zugeführt werden, weil die Gattung *Melopsittacus* keiner anderen verwandtschaftlich nahe genug steht, um überhaupt Paarungen einzugehen, geschweige denn Mischlinge mit Aussicht auf Fruchtbarkeit zu zeugen. Aus Australischen Schecken mit Lutinos kombiniert fallen Lutinos mit gelbem statt weißem Großgefieder, die auch als Schauvögel in Lutinoklassen anerkannt sind.
Schließlich sind die Versuche, schwarze Wellensittiche aus Mauve, Grau und Schiefer zu züchten, bisher nicht über dunkle Schiefer hinausgekommen, sie werden außerdem wenig durchgeführt, weil die unvermeidlichen stumpfgrauen Übergangsformen kaum Abnehmer finden.

Hauben – Federfüßchen – Federputzer

Gemessen an den mitunter bizarren Formen, die mutationelle Gefiederverlängerungsfaktoren bei Hühnern, Tauben, auch Kanarienvögeln hervorgerufen haben, hat sich der Wellensittich in der Domestikation bisher in dieser Richtung noch bescheiden gezeigt. Immerhin sollen in Kanada und China bereits in den dreißiger Jahren Gehäubte aufgetreten sein. Heute werden sie in Europa wie in den USA gezüchtet, und in England gibt es sogar einen Sonderklub der Haubenzüchter. Seither sind vom Haubenwellensittich drei unterschiedliche Formen be-

Bild 47. Spitzhaube-Normal-Hellgrün

kannt geworden: Spitz-, Halbrund- und Rundhaube, von denen die Rundhaube als von den Züchtern am meisten begehrte hier abgebildet ist. Gewisse Ähnlichkeiten mit der viel diskutierten Beatle-Frisur sind wohl rein zufällig (Spitzhaube siehe Bild 47). Alle Haubenformen werden von ein und demselben Faktor regiert, der nach ZISWILER dominant vererbt und in doppelter Dosis mit einer 48%igen Letalität im Embryonalstadium verbunden ist. Das ist leider bei den meisten gehaubten Domestikationsformen der Vögel ähnlich, weshalb das Verpaaren eines Haubenvogels mit einem Glattkopf bei anderen Arten die Regel ist. Beim Wellensittich kann man aber auf diese Weise kaum viele Hauben züchten, denn Haubenvögel mit nur einem Faktor variieren stark. Manche haben nur wenige hochstehende Federchen, abgesehen davon, daß die kleinen Spitzhauben ohnehin etwas unproportioniert auf dem Wellensittichkopf wirken. Am besten wirken mützenschirmartige Halbrundhauben. Grundsätzlich entstehen die Federhauben durch Wirbelbildung der Federwurzeln. Dadurch wachsen die betroffenen Federn empor und nach den Seiten, anstatt dachziegelartig wie bei normalem Gefieder. – Bedauerlicherweise sind Doppelhauben-Wellensittiche oft wenig fruchtbar und neigen zu anomalem Verhalten durch Störungen im zentralen Nervensystem. So sind sie kaum etwas für den Anfänger und finden ohnehin nur eine begrenzte Zahl von Liebhabern. – Man kennt auch getrennte Doppelwirbelbildung.

Soweit bekannt, traten Federfüßchen – d. h. Vögel mit kleinen Federchen an einem oder an beiden Füßen – bisher nur in zwei deutschen Zuchten auf. Die Züchter MERTES und BISCHOFF berichteten darüber. Doch gelang es keinem von beiden trotz planmäßiger Versuche, diese Eigenschaft erblich zu fixieren. Allerdings wurden die Versuche wohl nicht mit der nötigen Konsequenz fortgesetzt, und nach den Erfahrungen mit Tauben ist ein erneutes Auftauchen

Bild 48. Locken-Wellensittich („Feder-Putzer") Normal-Grau

Bild 49. Kopfstudie eines opalin-grauen Locken-Wellensittichs (bisher nicht erbliche aberrante Gefiederverlängerung)

der Federfüße jederzeit zu erwarten.

In jüngster Zeit sind in Australien (natürlich von gezüchteten Vögeln), zudem in Großbritannien und in Deutschland unabhängig voneinander, aus ganz normalen Wellensittichen einzelne Vögel gefallen, die alles an Mutationen bisher Aufgetauchte in den Schatten stellten. Ihr Kleingefieder wuchs schütter, dafür aber bis zu einer Länge von 12 cm, so daß die normalen Konturen eines Wellensittichs auf den von STRUTHERS und ELLIOT mit veröffentlichten Fotos kaum noch zu erkennen waren. Die an einer Feder sitzenden Kehltupfen hingen bis zum Boden herab. Außerdem wuchsen die Federn verdreht durcheinander, vermutlich durch mehrere Wirbel. Schwingen und Schwanzfedern waren bei einigen normal, bei anderen auch degeneriert; fliegen konnten sie alle nicht. Einige starben früh, andere schienen sonst gesund, von einer Weiterzucht hat man aber seither noch nichts gehört, und sie ist schon aus technischen Gründen unwahrscheinlich. Während die Australier diese Aberration poetisch „Chrysanthemen" nannten, hießen die Engländer sie respektlos „Federputzer". Diese Bezeichnung kommt zumindest den Fotos nach am nächsten. Farbe und Zeichnung sind verwaschen. Immerhin zeigen diese Vögel, zu welchen Überraschungen der Wellensittich noch fähig ist; keiner wurde jedoch bisher älter als 12 Monate.

Der Wellensittich als Ausstellungsvogel

In den vorangegangenen Kapiteln sind nicht von ungefähr wiederholt englische Ausdrücke benutzt worden. Dieses klassische Land feiner Tierrassen hat wie kein anderes auf die Herauszüchtung domestizierter Wellensittiche Einfluß ge-

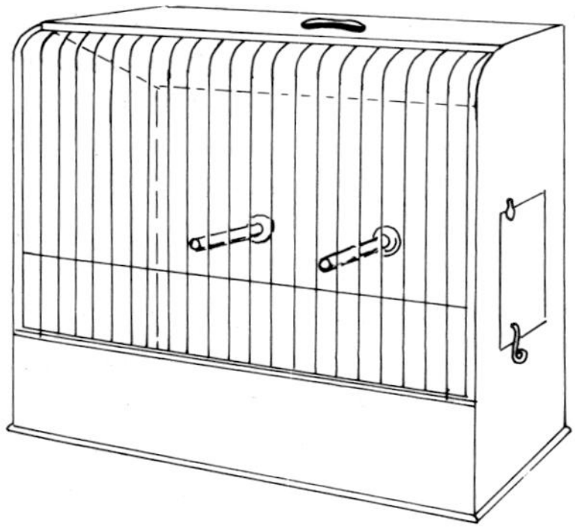

Bild 50. International anerkannter einheitlicher Ausstellungskäfig

nommen. War der europäische Kontinent – insbesondere Deutschland durch DUNCKER und die Schweiz durch STEINER – führend an der Erforschung der Vererbungsweise der Farben-Wellensittiche beteiligt, so blieb es doch dem britischen Inselreich vorbehalten, zunächst in Zusammenarbeit mit den kontinentalen Forschern und Züchtern, später bis nach dem Zweiten Weltkrieg praktisch im Alleingang, den Wellensittich auch nach Typus und Größe erheblich zu verändern und zu einer besonderen Schaurasse zu formen. Die Gegenüberstellung eines englischen Rassevogels mit einem Wellensittich vom Typ des Wildlings sehen Sie auf Abb. 52/53. Sie gibt Unterschiede besser wieder, als viele Worte es vermögen. Der englische Rassevogel ist erheblich größer, in Schultern und Brustumfang breiter, der Kopf ist runder und massiger, die Kehltupfen sind größer, gleichmäßig und rund, die Maske weiter und die Haltung edler – kurz: Der Vogel folgt mehr dem Goldenen Schnitt. Von geringfügigen zeitlich-modisch bedingten Schwankungen abgesehen, haben die Engländer konstant und konsequent seit etwa 1929 an diesem Rasseideal gearbeitet und so ihre Rasse bis in unsere Tage immer weiter vervollkommnet. Das war nur mit Unterstützung eines sehr großen Züchterkreises möglich und durch Veranstaltung einer Vielzahl von Ausstellungen in allen Teilen des Landes, auf denen die Züchter ihr Material nach genauen Richtlinien vergleichen konnten. Diese wurden in allen Einzelheiten und durch Aufstellung eines Punktbewertungssystems in einem besonderen Schönheitsstandard festgelegt. Zeitweise waren in der für diese Ziele federführenden Budgerigar Society (Wellensittichzüchter-Gesellschaft) 13 000 Mitglieder vereinigt, kooperativ angeschlossene lokale und ausländische Vereine nicht gerechnet, während sich in der isolierten Zeit Deutschlands nur einige hundert Züchter um rassische Verbesserungen bemühten, Farbe und Zeichnung dabei aber immer im Vordergrund standen. So war das Erstaunen über den britischen Vorsprung groß, als 1952 die ersten „Original-Engländer“ durch die Besatzungsmacht in Deutschland gezeigt wurden. Anfangs zögernd, später rascher, faßte diese Schaurasse auch in unserem Lande Fuß und ist mittlerweile vielen Wellensittich-Freunden ein fester Begriff, nachdem sich Spezialvereine ihrer planmäßig annahmen und Importmöglichkeiten legalisiert wurden. Um traditionelle Bande wieder zu knüpfen, zugleich aber auch um international möglichst einheitlich im Sinne der Förderung dieser Rasse ausgerichtet zu sein, übernahm der „Deutsche

Wellensittichzüchter-Verein" (DWV) 1958 zusammen mit anderen Ländern im wesentlichen den britischen Ausstellungsstandard und schloß sich 1959 kooperativ der B. S. an. Seither hat sich der DWV-Standard bereits fünf Auflagen erlaubt, in deren Verlauf er in bezug auf Typus und Größe mehr und mehr dem sehr hohen englischen Maßstab angepaßt wurde, während gleichzeitig durch Betonung von Farbe und Zeichnung auch der deutschen Mentalität Rechnung getragen wurde. Durch Förderung des Ausstellungswesens, Ehren- und Wanderpreise, nicht zuletzt Förderung lokaler Vereine und Verbände, hat der DWV damit ein Hobby geschaffen, das in den zwanziger Jahren bescheiden begonnen, heute bereits zu fünfstelligen Mitgliederzahlen geführt hat, und dessen Aufwärtsentwicklung noch längst nicht abgeschlossen ist. Die Mitglieder sind normalerweise in lokalen Vereinen organisiert, die möglichst im Frühherbst eine Ausstellung veranstalten, auf der sie mit ihren Vögeln zunächst im „Chorgeist" nachbarlicher Vereinsfreundschaft konkurrieren. Die dort am höchsten prämiierten gehen wenig später auf eine Landesschau, die in der Regel im Bereich politischer Landesgrenzen abgehalten wird, wo Anforderungen und Konkurrenzkampf schon härter sind. Etwa zum Jahresende findet dann wechselweise im Norden und im Süden des Landes jeweils die mit Spannung erwartete Bundesschau statt, auf der ein Bundessieger und viele Klassensieger gemäß Standard gekürt werden. Die Bundesschauen werden mit Fachtagungen und Vorträgen verbunden, die trotz winter-

Bild 51. Opalin-Hellblau mit multiplen Kehltupfen (Eigenart der englischen Rasse)

lichen Wetters normalerweise sehr gut besucht werden. Alle Wellensittichfarben und -formen können dort in nach englischem Muster geschaffenen, einheitlichen Schaukäfigen ausgestellt und müssen bewertet werden, sofern Mitgliedschaft und Selbstzucht durch den geschlossenen Vereinsring nachgewiesen werden. Darüber hinaus gibt es auch sog. offene Schauen, wo auch nichtorganisierte Züchter ausstellen können ohne Verbandsringe. Die Aufstellung erfolgt nach Farbklassen und Züchterleistungsstufen, bei Mindestbeteiligung von sieben Vögeln pro Klasse; dabei werden die besten irgendwie ausgezeichnet. Auf Ortsschauen erhält noch jeder Vogel eine schriftliche Beurteilung, während auf Landes- und Bundesschauen jeweils die besten 7 Vögel einer jeden Klasse nach dem Selektionssystem eingestuft und mittels Kärtchen am Käfig von 1 – 7 markiert werden. Streng als Hobby und ohne den mitunter beobachteten „tierischen Ernst“ betrachtet, ist das Züchten von Ausstellungsvögeln schon eine faszinierende Sache, über die stunden-, ja tagelang diskutiert und in den Verbandszeitschriften geschrieben wird. Wie jede gute Sache ist sie freilich auch nicht frei von Schattenseiten und Enttäuschungen – nicht zuletzt von menschlichen Unzulänglichkeiten.

Wer Schau-Wellensittiche züchten möchte, sollte zunächst Kontakt zu namhaften Züchtern auf diesem Gebiet aufnehmen und Ausstellungen besuchen, um sich umfassend zu informieren und zu prüfen, was ihm gefällt. Um sich Anfänger-Enttäuschungen zu ersparen, sollte man nicht zu groß beginnen und nicht Farben wählen, die ausgesprochen schwierig sind bzw. eines großen Bestandes bedürfen, um durch Auskreuzungen vorwärtszukommen. Zwei bis vier Pärchen von den bereits hoch durchgezüchteten Farben, z. B. Normale oder Opaline in Grün und Blau, Graugrün und Grau, genügen für den Anfang durchaus. Können diese Vögel von ein und demselben Züchter oder von einem engen Kreis von Züchtern, die verwandte Stämme züchten, erworben werden, so hat der Anfänger – Ehrlichkeit vorausgesetzt – einen um so rascheren Start, denn er hat die vorangegangene Arbeit dieser Züchter gespart. Die Rasse-Wellensittiche sind nämlich noch nicht so konstant durchgezüchtet, daß jeder im Typ gute Vogel mit einem ebensolchen, aber nicht blutsverwandten anderen, gleichgute Nachzucht absolut erwarten läßt. Manche Stämme passen nicht zusammen, und ohne Inzucht kommt man beim Schau-Wellensittich nicht aus. Vernünftig betrieben – d. h. unter Vermeidung allzu enger Verwandtenpaarungen, wie z. B. Geschwister, und nach strenger Selektion auf Gesundheit und Fruchtbarkeit – kann man Inzucht über drei bis fünf Generationen ohne Schaden fortsetzen. Dann allerdings sollten Auskreuzungen vorgenommen werden. Bis dahin hat der junge Züchter schon genügend Erfahrung gesammelt, was er dazuwählen muß. Der DWV vergibt vorgedruckte Abstammungsnachweise – kurz Stammkarten genannt, auf denen drei Generationen verzeichnet sind, von denen erfahrene Züchter zum Nutzen ihrer Kunden korrekten Gebrauch machen. – Grundsätzlich sind englische Schau-Wellensittiche – wie die meisten Rassetiere mit länge-

Bild 52 – 53. Links: Australischer Wildling; rechts: Englischer Rassevogel als Opalin-Bandschecke

ren Stammbäumen – nicht so robust und wegen ihrer Massigkeit etwas schwerfälliger als gewöhnliche. Auch ihre Fruchtbarkeit ist nicht immer ganz so groß, wie das mancher wünschen mag. Es sind eben „Aristokraten" und wollen auch ein wenig so behandelt sein. Wer das – ohne sie zu verhätscheln – berücksichtigt, wird viel Freude an ihnen haben. Wer sich die umfassende englische Literatur zum Thema zunutze machen kann, dem seien vor allem die Bücher von WATMOUGH, ARMOUR und TAYLOR und WARNER empfohlen, in deutscher Sprache mein „Handbuch" (siehe Literaturverzeichnis). In einem Verein sollte man als Schau-Wellensittich-Züchter schon sein, auch wenn man kein „Vereins-Meier" ist. Das deshalb, damit man Gelegenheit hat, sich an Ausstellungen zu beteiligen, um auf diese Weise seine Vögel mit anderen zu messen und von Jahr zu Jahr verbessern zu können. Der englische Vorsprung ist noch nicht aufgeholt, d. h. in der Spitze wohl erreicht, aber noch nicht genügend in der Breite. So ist in Deutschland noch vieles im Fluß in diesem Hobby, und jeder, der damit beginnen will, ist willkommen. Während sich die Preise für einfache Wellensittiche in zwei-, ja einstelligen Zahlen bewegen, muß für Spitzenvögel der Schaurasse schon mit dreistelligen, in England sogar mit vierstelligen Zahlen gerechnet werden. Es sind eben Liebhaberpreise, und diese Vögel sind nicht so leicht zu züchten.

Der zahme Hausgenosse

Über den zahmen Wellensittich gibt es eine ganze Reihe von unterhaltsamen und belehrenden Büchern. In neuerer Zeit wurden sie durch wertvolle Erfahrungen, aber auch im Rahmen technischer Perfektion ergänzt durch Bücher von SWIFT und REINHARDT. Das zuletzt genannte erschien im gleichen Verlag unter Beifügung einer Schallplatte mit Sprechunterricht und dem gesamten Repertoire eines begabten Sprechers – eine ausgezeichnete Idee. Leider ist dieses Buch inzwischen vergriffen. MARSDEN veröffentlichte ein „Wellensittich-ABC" als brauchbares Nachschlagewerk, wenn auch mehr auf englische Verhältnisse zugeschnitten. Im weiteren zum Thema seien die kleinen Bücher von THIEBES und SCHRÄPEL genannt, ersteres preiswert und brauchbar, letzteres mehr eine Plauderei über Erinnerungen aus der Frühzeit der Wellensittich-Zähmung. Sie ist nämlich erst seit Ende der zwanziger Jahre bekannter geworden. Vorher hatte man geglaubt, ein einzeln gehaltener Wellensittich würde sich zu Tode grämen. Bei einem älteren, bislang an seinesgleichen gewöhnten Vogel ist das auch möglich. Jedenfalls schließt er sich kaum noch an den Menschen an und kümmert stark. Darum ist von ausschlaggebender Wichtigkeit, einen möglichst jungen Wellensittich zum Zähmen zu erwerben, und nur ein ganz zahmer Vogel lernt die menschliche Stimme und andere Geräusche nachzuahmen. Frau RAGOTZI und SCHRÄPEL haben aus der Anfangszeit des Experimentierens auf diesem Gebiet viel über im Alter von etwa drei Wochen aus dem Nest genommene und von Menschenhand aufgepäppelte Wellensittiche geschrieben. Das kann man mit Hilfe erwärmten Breies aus geschälter Hirse, Grieß und Hafermark mit sehr gutem Erfolg machen, wenn nicht versäumt wird, diesem Brei auch Vitamine und Mineralien zuzusetzen. Die Vögel werden ebenso stark und gesund wie natürlich aufgezogene Artgenossen und sind von vornherein ganz besonders zahm und anhänglich. Werden sie vorzeitig dem Nistkasten entnommen, so hat ihr Fluchtinstinkt noch nicht eingesetzt, und der Mensch wird schon innerhalb eines Tages als Elter akzeptiert. Folglich ist dann auch die spätere Übernahme

menschlicher Laute das Resultat einer Prägung, die ohne Unterbrechung einen fast natürlichen Verlauf nimmt. Aus dem Dunkel seiner Nisthöhle bringt der Jungvogel nur die ihm angeborenen Rufe mit, die er Zeit seines Lebens beibehält. Alles weitere wird allmählich erlernt; um so besser, wenn der Mensch dann gleich als Lehrmeister zur Stelle ist. Aber es ist doch recht zeitraubend, so ein erst knapp befiedertes, krummschnäbeliges Vogelbaby zwei bis drei Wochen lang alle zwei bis drei Stunden mit jeweils frisch angewärmtem, jeden Tag neu zubereitetem Brei zu päppeln, der anfangs mit einer Futterspritze, später mit einem kleinen Teelöffel zugeführt werden muß. – Hinzu kommt die Schwierigkeit der Beschaffung solcher Nestlinge, wenn man nicht selber Züchter ist. Aus Gründen des Risikos sind die wenigsten Züchter geneigt, unselbständige Jungvögel abzugeben – es sei denn, an gute Bekannte mit der nötigen Erfahrung.
Inzwischen weiß man, daß natürlich aufgezogene, selbständige Jungvögel, isoliert gehalten ab fünf bis höchstens zehn Lebenswochen, ebenso liebenswerte Hausgenossen werden können, sofern sie von Beginn an richtig behandelt werden. Je jünger der Vogel ist, um so rascher geht das; mit den älteren muß man mehr Geduld haben. Viele reelle Zoofachhändler und Züchter bieten solche Jungvögel an, wobei der Fachausdruck „nestjung“ besagen will, daß die Sittiche noch nicht lange das Nest verlassen haben. Man erkennt sie an den größer wirkenden dunklen Augen, denen der helle Irisring noch fehlt, und an der Wellenzeichnung, die bei allen dunklen Wellensittichen meist bis zur Schnabelwurzel reicht.
Die Neuerwerbung wird auf dem schnellsten Wege in den daheim vorbereiteten Käfig gebracht. Das Käfigangebot ist heute ungewöhnlich reichhaltig für jeden Geschmack und Geldbeutel. Es reicht von orthodoxen Formen bis zu Phantasiegebilden – frei nach Picasso. Letztere mögen modernem Geschmack entsprechen, oft aber weniger dem des Vogels, der sich darin viele Jahre wohlfühlen soll. Geräumige, rechteckige Formen mit Plastikschale – der leichteren Reinigung wegen –, einer festzustellenden Tür zur Seite oder auch zum Dach hin, die nicht zum Fallbeil werden kann, haben sich am besten bewährt. Die Inneneinrichtung sollte nicht zu überladen sein, damit sich der Vogel auch noch frei bewegen kann. Ein Kletterbaum oder Leiterchen und eine bis zwei Stangen, eine davon vor den Futternäpfen, genügen durchaus. Schon Schaukeln führen nicht selten zu Unfällen, ebenso wie Spielzeug, das an Schnüren aufgehängt wird. Vögel, die viel allein sein müssen, sollten allerdings etwas Plastikspielzeug haben. Ob die Näpfe offen oder baldachinartig überdacht sind, spielt an sich keine Rolle. Aber so mancher junge, unerfahrene Vogel ist schon angesichts eines gefüllten überdachten Napfes verhungert, weil er das Futter darin nicht fand. Züchter verwenden solche Näpfe nicht, da der Wellensittich kein arger Futterverschmutzer ist. In jedem Falle sollte man anfangs etwas Futter auf den Käfigboden streuen und einen Hirsekolben in Reichweite von der Stange aus im Käfig anbringen. In seinem ersten Kummer des Alleinseins muß der junge Sittich Futter

stets vor Augen haben, damit er das Fressen nicht vergißt. Während der ersten 8 bis 14 Tage im neuen Heim sprechen wir mit dem Vogel freundlich, vermeiden bei seiner Versorgung unruhige Bewegungen und lassen ihn sonst ganz in Ruhe. Er wird je nach Temperament entweder trübselig auf der Stange hocken oder unruhig durch den Käfig hasten, dabei allerlei drollig aussehende Verrenkungen ausführen. Das ist aber kein Ausdruck von Wohlbehagen, wie viele meinen. Vielmehr ist der Vogel recht unglücklich, will zu seinen Artgenossen und fürchtet sich allein. So entsteht die Kletterei aus einer Art Verdrängungskomplex heraus und bedeutet ein Abreagieren von Angst- und Fluchttrieben, das ganz normal ist.

In einem vorangegangenen Kapitel haben wir gelesen, daß Wellensittiche ihr Leben zu allen Jahreszeiten in enger sozialer Gemeinschaft verbringen. Darum bedeutet es für einen noch dazu ganz jungen Sittich einen gewaltigen Einschnitt in seinen Lebensrhythmus, wenn er isoliert wird und noch dazu die Umgebung wechselt. Aus dem gleichen Grunde vermag er sich aber wenig später bei verständnisvoller Behandlung so eng wie kaum eine andere Art an den Menschen anzuschließen. Ist dieser Prozeß vollzogen, so bedeutet ihm der Mensch alles – wenn man will: Kumpan, Artgenosse, später sogar Geschlechtspartner, was manchmal etwas peinlich sein kann, aber auch nicht weiter tragisch zu nehmen ist. Das geht soweit, daß auf diese Weise umgeprägte Wellensittiche Jahre später mit beigesellten wirklichen Artgenossen, ja Geschlechtspartnern, nichts mehr anzufangen wissen. Zur Zucht sind sie nach zwei Jahren schon untauglich.

Das erste Reagieren eines Jungvogels auf den Menschen zeigt sich im raschen Schließen und Öffnen der Augen, wenn man an seinen Käfig tritt und mit ihm spricht. Bald kommt er auch ans Gitter, und die Zeit ist gekommen, sich ihm vorsichtig mit der offenen Hand von vorn zu nähern. Erst wenn er im Käfiginnern vertraut mit den Fingern spielt und auf die Hand steigt, sollte man ihn vorsichtig auf der Hand aus dem Käfig nehmen. Hat er Vertrauen gefaßt, so wird er im ungewohnten freien Raum zunächst den Menschen als Kletterbaum benutzen und als sicheren Ruheplatz auch dann vorziehen, wenn er die ersten „Erkundungsrunden“ im Zimmer macht. Sollte er durch Schreck einen Raketenstart zur Gardinenstange machen, so lassen wir ihn dort ruhig sitzen, bis er Hunger hat, und halten ihm dann den gewohnten vollen Napf auf der offenen Hand hin. – Wenig später werden wir den eifrig pickenden „Hansi“ auf der Hand in seinen Käfig zurückexpedieren können, und die erste Lektion ist erfolgreich beendet. Sie wird nun täglich wiederholt, und bald wird „Hansi“ beim Öffnen seines Käfigs in aller Selbstverständlichkeit zu uns geflogen kommen, überall herumtrippeln, alles erkunden, zur Futteraufnahme aber selbständig seinen Käfig wieder aufsuchen, was man zum vorsichtigen Schließen der Tür ausnutzen kann. Man-

Bild 54. Wellensittich – Melopsitracus undulatus in „Spieglein, Spieglein an der Wand“

cher Sittich läßt sich auch brav auf dem Finger zum Käfig zurücktragen; andere muß man mit Leckerbissen überlisten. Mit Jagen und Greifen – womöglich noch mit Hilfe von Tüchern oder Besen – kann man einen Jungvogel rasch vergrämen. Besser ist notfalls, die Dunkelheit abzuwarten, um ihn dann mit sicherem Griff vom Schlafplatz zu nehmen. Das hat der Wellensittich bis zum anderen Tag normalerweise vergessen. – Der junge Sittich hat ein großes Schlafbedürfnis und macht auch untertags gern ein Nickerchen. Wo abends lange Licht gebrannt wird, ist das Verhängen des Käfigs mit einem leichten Tuch notwendig.

Mit dem Sprechunterricht beginnt man erst, wenn der Sittich ganz eingewöhnt, zahm und anhänglich ist. Die Dämmerstunde eignet sich am besten dazu. Zwei bis drei Worte deutlich und vorzugsweise von einer Frauenstimme immer wieder vorgesprochen genügen für den Anfang. Dazu sollte zuerst sein Name, später auch die Adresse gehören, denn schon mancher entflogene Wellensittich hat auf diese Weise sein Heim wiedergefunden. Kurze Worte mit vielen Vokalen werden am leichtesten erlernt. Mancher ahmt schon nach wenigen Wochen die ersten Worte nach, bei anderen muß man sich bis zu einem halben Jahr gedulden und sollte vorher den Unterricht nicht abbrechen. Nicht jeder Vogel schafft es; doch liegt das häufiger am Lehrer als am Schüler. Männchen lernen in der Regel besser und mehr als Weibchen. Das liegt allein daran, daß Männchen von Natur aus über mehr verschiedene Lautäußerungen verfügen. Lachen, Pfeifen, Türenknarren, andere Vogelstimmen, ja Gesänge werden ebenfalls leicht erlernt; aber auch ein minder begabter Wellensittich wächst ans Herz.

Die Geschlechtsreife tritt zwischen dem sechsten und neunten Lebensmonat ein und äußert sich in den an anderer Stelle beschriebenen Balzhandlungen, zu denen insbesondere bei Männchen auch das Emporwürgen von Futter gehört. Das sieht nicht sehr ästhetisch aus, ist aber keine Krankheit, wie vielfach befürchtet wird. Auch andere Ersatzhandlungen sind vorübergehender Natur, weil Wellensittiche nur periodisch in Hochbrutstimmung kommen. Die Verhaltensweise bei zahmen Einzelvögeln kommt nur in dieser Zeit lästig vor. Man kann sie reduzieren, indem man auf den oft serienmäßig mit dem Käfig gelieferten Spiegel verzichtet, der besonders dazu anregt. Ebenso sollten treibende Nahrungsmittel von unserem Tisch, wie Ei, Fleisch, Zucker, Kuchen, erst gar nicht gereicht werden. Während der Tischzeit gehört der Vogel am besten in den Käfig. Im übrigen gilt für die Fütterung auch der zahmen „Familienmitglieder“ grundsätzlich das im speziellen Kapitel darüber Gesagte.

Nicht jeder schätzt die bei aller Liebe etwas naturwidrige Haltung eines Einzelsittichs, so gerne er einen oder mehrere zahme Vögel hätte. So ging es auch Swift, der in seinem netten Buch andere Wege beschrieben hat, die zu überraschend erfreulichen Erfolgen führten: Zunächst wurde ein junges Männchen einzeln aufgezogen und in der üblichen Weise zahm gemacht. Als das Männchen geschlechtsreif wurde, nachdem es zuvor schon ganze Sätze sprechen gelernt hatte, wurde ihm ein ganz junges, noch nicht einmal selbständiges Weib-

Bild 55. Wellensittich – Melopsittacus undulatus –: Petersilie eine Delikatesse!

chen beigesellt, das den älteren Artgenossen bald um Futter anbettelte. Da der Pflegetrieb – grob betrachtet – mit dem Geschlechtstrieb analog ist (vgl. Emporwürgen von Futter), löste das typische Jungenbetteln, das ja in diesem Alter der Jungen besonders stark auslösend auf die Männchen wirkt, weil die Weibchen dann bereits wieder brüten, sofort den Fütterungstrieb bei dem heranwachsenden Männchen aus. Es versorgte das Jungtier hingebungsvoll, und beide gewöhnten sich in dieser Zeit im Elter-Kind-Verhältnis aneinander. Gleichzeitig wurde das junge Weibchen fast unmerklich durch viel Beschäftigung mit beiden Vögeln seitens des Pflegers an den Menschen gewöhnt, zumal dem Männchen schon jeder Fluchttrieb fehlte. Da außerdem – teilgeprägt auf den Menschen – dieses Männchen mehr durch menschliche Laute als mit arteigenen mit dem Jungvogel „sprach", lernte das Weibchen solche auch gleich von ihm – ohne mühevollen Unterricht. Schließlich sollen sich beide Vögel auf schwedisch (daher stammt die Geschichte) „unterhalten" und später sogar erfolgreich miteinander gebrütet haben, ohne daß ihr Sprechtalent verlorenging. SWIFT will das bei mehreren Paaren mit ähnlichen Erfolgen wiederholt haben. Die Geschichte klingt zwar ein wenig märchenhaft. Es leuchtet aber ein, daß man auf diese Weise zahme Pärchen heranziehen kann, die nichts entbehren und sich natürlich verhalten, während der enge Kontakt mit dem Pfleger dennoch weitestgehend erhalten bleibt.

Der kranke Wellensittich

„Vorbeugen ist besser als Heilen“ – das ist diesem Kapitel zur Beherzigung voranzusetzen, da Heilung und damit Rettung nicht immer möglich sind, vor allem durch zu spätes Erkennen einer Krankheit erschwert werden. Ein erkrankter Wellensittich sitzt teilnahmslos mit glanzlosen Augen herum. Wenn es schlimmer wird, steckt er den Kopf ins Gefieder wie zum Schlafen, ruht aber auf beiden Beinen anstatt auf einem, wie es gesunde Vögel tun. Der Kot ist breiig bis wässerig, gefressen wird kaum, oder die Körner werden nur zerschrotet. Diese Symptome zeigen sich sowohl bei Erkältungskrankheiten durch Zugluft und Nässe als auch bei Darmentzündung durch verdorbenes Futter usw. Der Vogel ist möglichst sofort zu isolieren und warm zu stellen. Man gibt ihm schwachen Tee statt Trinkwasser und Kolbenhirse, außerdem Haferflocken. Alles andere – besonders Grün- und Saftfutter – läßt man fort. Das genügt in milden Fällen schon. Wird der Zustand aber in ein bis zwei Tagen nicht besser oder verschlimmert sich sogar, dann gehört der Vogel in einen Krankenkäfig, den es heute in praktischen Ausführungen zu kaufen gibt. Es genügt aber auch jeder beliebige Einzelkäfig, sofern man eine Infrarotlampe hat, die ja heute in vielen Haushalten zur Eigenbehandlung vorhanden ist. Man stellt sie so vor den Käfig, daß der Vogel wohl den Strahlenbereich aufsuchen, ihn aber auch vermeiden kann, und prüft zuvor mit der Hand, in welchem Abstand die Bestrahlung nicht zu heiß ist. Für Vogelmedizin gilt das eingangs über „Wundermittel“ Gesagte. Es wird auch viel mit Antibiotika experimentiert, mit denen aber Schaden angerichtet werden kann, wenn die richtige Dosierung für Vögel nicht bekannt ist. Es gibt jedoch heute gute Medikamente, die auf den Organismus auch der Kleinvögel abgestimmt sind, im Fachhandel.

Nicht jede Erkältung ist gleich Ornithose („Papageienkrankheit“), über die seit Jahren in der Presse oft unnötiger Wirbel gemacht wird, obwohl die menschliche Ansteckungsgefahr nicht bagatellisiert werden darf. Bei einer verdächtigen Häufung von Erkrankungserscheinungen, die mit Nasenausfluß und Durchfall verbunden sind, sollte der Züchter doch im eigenen Interesse lieber den Amtstierarzt zu Rate ziehen. Im übrigen ist der Verdacht auf Ornithose meldepflichtig. Aber seit Anwendung der Antibiotika ist die Gefahr für Mensch und Tier weitestgehend verringert worden, während die Ornithose andererseits auch durch einheimische Vögel und Hausgeflügel übertragen werden kann.

Sorge bereitet den Wellensittich-Züchtern seit einigen Jahren die Kropfentzündung, von der es eine durch Fremdkörper entstandene und eine ansteckende Form gibt. Die Vögel würgen klebrigen Schleim aus dem entzündeten Kropf, der den Sittichen bald das ganze Kopfgefieder verklebt. Sie sitzen mit geschlossenen Augen umher und gehen rasch ein, wenn nicht geholfen wird. Hier hilft ein Tropfen eines Breitbandantibiotikums (über Apotheken erhältlich, aber verschreibungspflichtig) unverdünnt in den Schnabel gegeben, und die Vögel sind

schon am anderen Tag erfahrungsgemäß wieder gesund. Zu spät oder gar nicht behandelte Vögel allerdings sind oft tot; so schnell geht das.
Ein Wort zur Legenot: Sie ist bei regelmäßiger Verabreichung von Lebertran oder einem Multivitaminpräparat relativ selten. Tritt sie aber doch einmal auf, so muß rasch gehandelt werden, um den Vogel zu retten. Befallene Weibchen sitzen gern am Boden, pressen wiederholt, solange sie bei Kräften sind, und wippen mit dem Schwanz. Man pinselt sie um den After herum leicht mit Öl ein und gibt sie in den angeheizten Krankenkäfig oder unter einen Infrarot-Dunkelstrahler. Nach spätestens einer halben Stunde wird das Ei meist gelegt sein, und der Vogel ist wieder munter. Nur Weiterbrüten wird er kaum, man sollte ihm auch eine Ruhepause gönnen. – Besonders gefährdet sind ältere, zahme Weibchen aus Einzelhaltung, die nie zuvor gelegt haben, bei denen sich aber noch im Alter von drei bis vier Jahren eine Art „Johannistrieb" entwickeln kann. Das wird vielfach hervorgerufen durch die obengenannten treibenden Futterstoffe vom menschlichen Speisezettel. Hier hilft nur Vorbeugen durch naturgemäße Ernährung. Denn das Becken ist bei einem so alten Weibchen schon zu hart, um sich noch genügend für den Eiaustritt zu dehnen. Einem Fachtierarzt oder auch einem geschickten Laien gelingt es mitunter, das Ei im Vogelkörper zu zertrümmern, so daß es in Einzelteilen abgeht. Aber die kleinste Verletzung dabei führt zu einer inneren Sepsis – und dann ist es leider auch vorbei.
Seit Jahrzehnten ist viel Mühe und Druckerschwärze auf die sogenannte „Französische Mauser" oder „Rennerkrankheit" verwendet worden, ohne eine genaue Lösung zu finden. Es handelt sich möglicherweise um eine bloße Mangelerscheinung, die wahrscheinlich mit unzureichender Vormagenmilch der Altvögel hinsichtlich bestimmter Nährstoffe – insbesondere Eiweiß – in ursächlichem Zusammenhang steht. Diese Stoffe brauchen die Jungen am meisten während der Zeit des Gefiederwachstums. Ein Mangel daran bewirkt den Ausfall aller oder der meisten Schwingen- und Schwanzfedern, kurz bevor diese verhornen, was in etwa mit der Zeit des Ausfliegens aus dem Nistkasten zusammenfällt. Diese Erscheinung trat zuerst in französischen Zuchten auf; daher der Name. Die davon befallenen Jungvögel werden flugunfähig und rennen auf dem Boden umher; daher der andere Name. Einem Teil wachsen die Federn später wieder nach, andere bleiben unheilbar. Diese „Rennerkrankheit" hat früher manchem Züchter die Freude verleidet, denn die davon befallenen Jungen sind kein schöner Anblick, und es betrifft oft Nachzuchten, von denen man sich am meisten versprochen hatte. – Heute ist das Problem noch immer nicht gelöst, Erfahrungen und Meinungen dazu nach wie vor geteilt. Zur Zeit bemühen sich mehrere veterinärmedizinische Abteilungen an Forschungsinstituten der Sache endlich auf den Grund zu kommen. Äußere Erreger, verbunden mit individuell unterschiedlicher Widerstandskraft gegen sie, werden neuerdings nicht mehr ausgeschlossen. Wissenschaftliche Veröffentlichungen dazu waren bei Drucklegung angekündigt aber noch nicht erschienen. So ist vorläufig nichts anderes anzuraten als

optimale Fütterungs- und Pflegebedingungen zur Vorbeuge gegen gehäuftes Auftreten von Rennern zu schaffen.
Einfache Knochenbrüche heilen am besten von selbst. Komplizierte sind beim Wellensittich leider vielfach aussichtlose Fälle, weil der Krummschnabel notwendige Schienung und Verband immer wieder rasch zu entfernen weiß und so keine Heilung eintreten kann.
Soweit über spezielle Wellensittich-Krankheiten im Rahmen dieses Buches. Wer sich genauer und vor allem auch über sämtliche Krankheiten und deren Bekämpfung informieren möchte, von denen Wellensittiche ebenfalls befallen weden können, dem sei das ausgezeichnete Buch von RAETHEL in derselben Vivarien-Reihe empfohlen. Es sollte bei keinem Vogelliebhaber fehlen – gleich ob einer oder hundert Vögel gehalten werden.

Literaturverzeichnis

ARMOUR, Dr. M. D. S. (ohne Jahr): Exhibition Budgerigars. London.
AZ-DKB-Einheitsstandard. Bochum (1976).
BISCHOFF, S. (1960/1962): Federfüßiger Wellensittich. AZ-Nachr. 7 (1960).
CAYLEY, N. W. (1935): Budgerigars in bush and aviary. Sydney.
S. 229 und 9 (1962), S. 8.
DUNCKER, Dr. H. (1929): Vererbungslehre für Kleinvogelzüchter. Leipzig.
ELLIOTT, F. S., und E. W. BROOKS (1953): Budgerigar Matings and Colour Expectations. 6. Auflage. Derby
ELLIOT, H. (1967): Two more "feathered mops" bred. Cage and Aviary Birds. 133, S. 412.
ENEHJELM, C. AF (1957): Das Buch vom Wellensittich. Pfungstadt.
ENEHJELM, C. AF (1969): Käfige und Volieren. Stuttgart.
IMMELMANN, Dr. K. (1960): Im unbekannten Australien. Pfungstadt.
MARSDEN, PH. (1966): Das Wellensittich-ABC. Zürich und Stuttgart.
MICHAELIS, H.-J. (1959): Der Wellensittich. Wittenberg.
NICOLAI, Dr. J. (1965): Vogelhaltung – Vogelpflege. Stuttgart.
RADTKE, G. A. (1978): Die Farbschläge des Wellensittichs. Minden.
RADTKE, G. A. (1979): Farbiger Rassenatlas und Fehlerfinder für Wellensittiche. Walsrode
RADTKE, G. A. (1973): Handbuch für Wellensittichfreunde. Stuttgart.
RAETHEL, Dr. S. (1966): Krankheiten der Vögel, Stuttgart.
RAGOTZI, B. (1959): Freude am Wellensittich. Berlin.
REINHARDT, F. (1964): Kobold Tschirri, der sprechende Wellensittich. Stuttgart.
SABEL, K. (1967): Vogelfutterpflanzen. Pfungstadt.
SCHRÄPEL, J. (1966): So lernt der Wellensittich sprechen. Hannover.
STEINER, Prof. Dr. H. (1932): Vererbungsstudien am Wellensittich. Zürich.

SWIFT, G. S. K. (1965): Vom Wellensittich Fabian. Zürich und Stuttgart.
TAYLOR, Dr. T. G. (1958): Feeding Exhibition Budgerigars. London.
TAYLOR, Dr. T. G., und C. WARNER (1961): Genetics for Budgerigar Breeders. London.
THIEBES, A. (1963): Der zahme und sprechende Wellensittich. Minden.
WATMOUGH, W. (1967): The cult of the Budgerigar. London.
WATMOUGH, W. (ohne Jahr): Looking at Budgerigars. Bradford.
ZISWILER, V. (1963): Erbgang und Manifestationsmuster des Faktors „Haube“, eines Subvitalfaktors des Wellensittichs, Melopsittacus undulatus. Archiv der Julius-Klaus-Stiftung für Vererbungsforschung, Sozialanthropologie und Rassenhygiene, 38, S. 145 – 165.

Außerdem wurde Zeitschriftenliteratur aus den „AZ-Nachrichten“, dem „All Pets Magazine“, der „Gefiederten Welt“ und „Cage und Aviary Birds“ herangezogen.

Sachregister

Bücher für die Vogelhaltung

Klaus Speicher
Kanarienvögel
Haltung – Pflege – Zucht
Unter den Heimtierarten nimmt der Kanarienvogel seit jeher einen bevorzugten Platz ein. Über zwanzig verschiedene Rassen und über dreihundert Farbvarianten existieren heute. Aber was wissen wir wirklich über den Kanarienvogel? Was müssen wir beim Kauf beachten? Wie kann man Kanarienvögel züchten? Welche Rassen werden heute angeboten? Alle diese Fragen beantwortet Klaus Speicher in diesem Buch.
79 Seiten, 53 meist farbige Abbildungen

Georg A. Radtke
Unzertrennliche (Agaporniden)
Haltung, Zucht und Farbspielarten
Agaporniden sind stets paarweise anzutreffen. Georg A. Radtke macht mit allen Problemen rund um die geeignete Unterbringung, Pflege und Fütterung der einzelnen Arten vertraut. Er gibt Tips für eine erfolgreiche Zucht und bespricht Farbe und Vererbung der meisten gut bekannten Farbspielarten, die gleichzeitig in Farbfotos vorgestellt werden.
63 Seiten, 31 meist farbige Abbildungen, 1 Karte

Wilfried Loeding
Nymphensittiche
Haltung – Pflege – Zucht
Der Nymphensittich gehört zu den beliebtesten Stubenvögeln. Er ist lebhaft, ein gewandter Flieger, und er gewöhnt sich leicht an seinen Pfleger. Wilfried Loeding bespricht in diesem Band alles, was für den Liebhaber wichtig ist: die Anschaffung eines Einzelvogels oder eines Pärchens, Ernährung und Haltung im Käfig und im Freien, das Brutverhalten der Vögel, ihre Zucht und die verschiedenen Farbschläge.
64 Seiten, 37 meist farbige Abbildungen

Helmut Bechtel
Bunte Welt der Stubenvögel
120 Arten aus aller Welt in Farbe
Dieser Band beschreibt Eigenarten und Lebensweise, Haltung und Zucht von beliebten und dankbaren, aber auch seltenen und schwierigen Stubenvogelarten.
70 Seiten, 190 meist farbige Abbildungen

Prospekt kostenlos von: Kosmos-Verlag, Postfach 640, 7000 Stuttgart 1.

FRANCKH
KOSMOS
Verlagsgruppe

In Ihrer Fach/Buchhandlung!

Für Ihre „Fachpiepliothek“!

Heinz-Sigurd Raethel
Krankheiten der Vögel
Für Diagnose und Therapie braucht der Vogelhalter ein zuverlässiges Fachbuch: Hier ist es!
88 Seiten, 16 Abbildungen

Curt af Enehjelm
Papageien
Haltung – Zucht – Arten
Eine Auswahl der geeignetsten Arten – für alle Freunde dieser brillanten Exoten!
95 Seiten, 78 meist farbige Abbildungen

Curt af Enehjelm
Sittiche
Haltung – Zucht – Arten
Dieses Buch beschreibt die Haltungsbedingungen der Sittiche und hilft, viele Probleme zu lösen.
95 Seiten, 85 meist farbige Abbildungen

Georg A. Radtke
Handbuch für Wellensittich-Freunde
Pflege, Zucht und Farbspielarten
Alles, was der Wellensittich-Freund wissen sollte, enthält dieses Buch. Ein besonderes Kapitel ist der Erziehung und dem „Sprechunterricht“ des jungen Vogels gewidmet.
220 Seiten, 27 z.T. farbige Abbildungen

Helmut Pinter
Handbuch der Papageienkunde
Die Arten, Haltung in Käfig und Voliere, Pflege und Zucht
„... Eine bessere Einführung in die Welt der Papageien als Hausgenossen gibt es nicht ...“
Die gefiederte Welt
206 Seiten, 129 meist farbige Abbildungen

FRANCKH
KOSMOS
Verlagsgruppe

In Ihrer Fach/Buchhandlung!